Auf dem Pfad der Rose

Reisebericht der Seele einer alten Schamanin in der
neuen Zeit

Alexandra Kalcakosz

Impressum

Bibliografische Information der Deutschen Nationalbibliothek:
Die Deutsche Nationalbibliothek verzeichnet diese Publikation in der
Deutschen Nationalbibliografie; detaillierte bibliografische Daten sind im
Internet über http://dnb.dnb.de abrufbar.

Titelbild: Elisabeth Kniep
Korrektorat: R. Böhm, P. Prokop

Herstellung und Verlag: BoD – Books on Demand, Norderstedt

ISBN: 978-3-7543-0572-0

*Für meine Würde als Mensch,
zu Ehren der Schöpfung
und als Dank für das Lebendige*

Inhalt:

Vorwort

Ich sollte schreiben, aber wie kann ich die Fülle des Göttlichen in Begriffe und Sätze fassen? Ein multidimensionales Sein in eine 3D-Matrix bringen, ohne dass sie verschluckt wird von der Dynamik des Niederen?

Dieses Buch trägt meine Handschrift, daher bitte ich dich als Mensch, der dieses Buch liest, mit dem Herzen zu lesen, es als Inspiration für den eigenen Weg zu nutzen und den sezierenden Verstand als Verbündeten zu gewinnen, um das vorliegende Wissen selbst zu prüfen. Wenn du es selbst erfährst, wirst du auch das notwendige Vertrauen finden, um für dich die richtige Entscheidung zu treffen. Und wie im „Kurs in Wunder" steht, gibt es eigentlich nur eine primäre Entscheidung, die wir treffen müssen. Entweder wählen wir die Liebe oder die Angst. Ich habe die Liebe gewählt und ich werde sie immer wieder aufs Neue wählen

Der Inhalt basiert nicht auf wissenschaftliche Studien, sondern ausschließlich auf meine persönlichen Lebenserfahrungen. Somit kann das Buch auf keinen Fall ein Bedürfnis nach professioneller Hilfe eines Arztes oder eines Therapeuten ersetzen.

Zur Handhabe des Buches noch eine Anmerkung. Klarheit und Ordnung sind für mich wichtige Elemente, um meine überfließende Energie nicht im Chaos zu verlieren. Daher habe ich mich für die Teilung dieses Berichtes entschieden. Mit welchem Teil du beginnen magst, steht dir frei. Im 1. Teil, der kursiv geschrieben ist, erzähle ich von meinem persönlichen Prozess im Schwellenraum, den ich auf dem Pfad der Rose betreten habe. Im 2. Teil beschreibe ich all die Informationen, die ich dort erhalten habe. Durch die Querverweise im 1. Teil kannst Du daher die Chronologie meiner Erfahrung dennoch nachverfolgen.

Da ich mich schon viele Jahre mit Energiefeldern und Chakren beschäftige, mit dem Human Energy Field, basierend auf dem wissen von A. Bailey und erlernt bei Dr.Tom Shaver arbeite und laufend Fortbildungen zum Thema Gesundheit mache, trägt dieser Teil meine individuelle Interpretation dieses Wissens. Ich möchte hier darauf hinweisen, dass ich dieses Wissen weder neu entdeckt noch für mich alleine beanspruche. Es gibt kein Copyright auf universelles Wissen und falls jemand das Gefühl hat, dass ich abgeschrieben habe, werden wir wohl nur die gleiche göttliche Quelle angezapft haben. Dennoch will ich mich an dieser Stelle auch bei all meinen Lehrern und Wegbegleitern bedanken, die mir viel Wissen gegeben haben, damit ich es durch meine Erfahrung zur Anwendung bringen kann. Denn gelebtes Wissen ist Weisheit.

Reisebericht der Seele einer alten Schamanin in der neuen Zeit

1. Teil

Lieber Gott, allmächtiger Schöpfer, allwissender Vater, allliebende Mutter, bitte erbarme dich unserer Seele. Wir Menschen haben uns verirrt. Wir haben vergessen, wer wir in Wahrheit sind. Wir brauchen Deine Hilfe. Bitte Gott-Vater, nimm uns an der Hand und führe uns zurück zur Wahrheit.

Bitte vergebe uns unsere Schuld, denn wir sind Dein Ebenbild, aber niemals Gott. Bitte verzeihe uns diesen Irrglauben und hilf uns, unseren Peinigern zu vergeben. Mein Gott, mein geliebter Gott erbarme Dich unser, führe uns nicht weiter in Versuchung und erlöse uns von der Dunkelheit. Bitte erlöse uns mit deiner Liebe in dein Licht. Denn du bist der Vater aller Welten, die Mutter aller Geschöpfe. Bitte hilf uns Menschen Heim zu kehren als deine Kinder! Wir Menschen brauchen dich so sehr, bitte hilf uns in das Licht Heim zu kommen. Bitte geliebter Gott, erhöre mein Gebet. Amen.

Tiefe Dankbarkeit erfüllt mich, ich spüre Gottes Präsenz, seine bedingungslose Liebe und ich wusste, ich werde wieder eintreten in einen heiligen Raum und diesmal wird es echt machtvoll.

Ich betrete den Schwellenraum, wo mein persönliches Sein meinem Spirit und der Geistwelt begegnet. Heute komme ich mit der Bitte um einen neuen Auftrag.

Vor vielen Jahren habe ich eine Vision erhalten. Ich soll ein Haus für die Seele errichten. Der Ritualraum soll in Mutter Erde ruhen und die Fensterfront gegen Nord-Ost sich öffnen. Es soll Raum geben für die Arbeit mit der Seele und der Bewusstseinserweiterung dienen. Heute steht dieses Haus und unter großem Einsatz habe ich soeben den Kredit getilgt und meine Schulden abgetragen. Ich stehe kurz vor meinem 50. Geburtstag, der Wechsel zwischen der roten zur weißen Frau hat begonnen. So kehre ich heute bewusst in diesen Schwellenraum ein, um zu fragen, was ab nun meine Aufgaben sein sollen. Ich bin tief berührt von der Anzahl anwesender Lichtwesen, Naturdevas und Spirits. Auch das Wesen meiner Meisterpflanze steht lächelnd vor mir, in Begleitung des Geistes der Rose. Ich kann die Bedeutung all dieser lichten Präsenz noch nicht ganz fassen, aber in meinem Herzen spüre ich tiefe Freude und meine volle Bereitschaft für meinen neuen Auftrag. Es ist der Geist der Rose, der mich fragt, ob ich bereit bin. Es wäre Zeit, dass ich als Tochter der Rose Menschen in den Schwellenraum begleite. Ich bin jetzt reif genug und hätte die persönliche Kraft, den Raum zu halten. Mir stockt der Atem, bin tief berührt und dennoch wild entschlossen, bittend mich zu prüfen. Gerne will ich als Tochter der Rose andere in den Schwellenraum begleiten.

(„Schwellenraum")

Noch nie zuvor habe ich so einen eindeutigen Ruf von einer Pflanzendeva erhalten. Diese meint, dass sie heute mit mir so tief in Zyklen arbeiten werde, wie meine persönliche Kraft reiche. Ich war bereit, ich will das Gefäß, das ich bin vollständig leeren, damit ich mit allem, was ich bin, den Auftrag der Geistwelt folgen kann. Ich kehre zu dem Punkt des Nichts, der absoluten Leere zurück, wissend, dass ich alles Vertraute loslassen muss, wenn ich neu geboren werden will. Das Ich, das ich jetzt bin, wird es nach so einem Prozess nicht in derselben Form geben. Ich lasse mich in die Leere hineinfallen, lasse mich fallen in tiefem Vertrauen auf die Liebe Gottes. Der Körper darf jetzt ruhen, während der Spirit sich den einschränkenden Denkmustern zu entziehen beginnt. Meine Seele entfaltet ihre Flügel. Es wird eine weite Reise werden, jenseits von Raum und Zeit. Ich erkenne mich als Gefäß, das ich leeren muss. Immer wieder aufs Neue den Inhalt, das sogenannte Wissen aus vergangenen Erkenntnissen und bereit, Gelerntes loslassen, um ein noch lichteres Abbild meines Seins aus sich heraus zu gebären. Aber und abermals in die Leere eintauchen und aus diesem Nichts neu geboren zu werden. In mir ist alles auf das Licht, die Liebe ausgerichtet und so schraube ich mich zu Gott gewandt meiner eigenen Heilung entgegen. Ich lasse mich voller Vertrauen in das Nichts fallen.

(„Bewusstseinsframes")

Ich sehe den Seelenmenschen an meiner Seite. Mein Herz freut sich, die Seele von ihm zu sehen und sie lächelt mir zu. Sie nimmt im Raum ihren Platz ein und ich kann sehen, dass wir diesen Raum gemeinsam hoch stemmen.

Gemeinsam sind wir wie die Pfeiler einer Brücke und wir haben entschieden diesmal eine Brücke zu sein für Menschen, die aus dem Sumpf, dem Kerker unserer Peiniger wieder ins Licht, zur Liebe wollen. Unsere Herzen sind verbunden und auch wenn ich derzeit mit diesem Menschen keine Beziehung lebe, weiß ich, dass wir zusammen gehören. Eine Beziehung mit jemandem anderen wäre unehrlich. Ich habe mit diesem Menschen erlebt, was es bedeutet in Liebe auf allen Ebenen verbunden zu sein. Ich habe mich erinnern dürfen, was es heißt, eine heilige Sexualität zu leben, was geschieht, wenn sich die Körper mit dem Herzen verbunden vereinigen. Und diese Liebe hat das tiefe Bewusstsein auch dem anderen gegenüber Verantwortung zu tragen, dem anderen gegenüber verpflichtet zu sein. Ich sehe jetzt die Seele meines Herzensmenschen und ich begreife, dass ich keine Ersatzbeziehung mehr leben will. Ich sehe, wie kostbar Zeit ist und ich will mich nicht mehr verlieren mit Suchen, denn ich weiß tief in meinem Herzen, dass ich angekommen bin.

Ich erfahre aber auch die Notwendigkeit den freien Willen jedes Menschen zu achten und so darf ich Frieden finden mit dem, was ist. Ich spüre, wie mein Herz noch weiter wird, ich klarer und stärker werde mit meiner inneren Entscheidung zu diesem Menschen zu stehen, auch wenn er mit mir keine Beziehung leben will. Es ist, als ob wir uns in diesem Moment erkannt hätten und das schenkt meinem Herzen tiefen Frieden, jenseits von allem Weltlichen.

("Sexualität")

13

Unerwartet und für mich etwas skurril erscheinend fordert mich der Spirit der Rose auf, etwas essen zu gehen. Gerade war ich ganz eins mit meinem Herzen, jenseits allem Weltlichen. Auch habe ich bisher noch nie Bedarf an Essen verspürt, während ich im Schwellenraum verweilte. Daher hat mich diese Aufforderung etwas verwirrt und ich dachte zuerst, dass dies das Ende der Reise für heute sein sollte. Noch immer verwundert ging ich in die Küche. Da erst begriff ich, dass dies nicht der Abschluss meiner Unterweisung und Prüfung war, sondern eher der Anfang. Der Pflanzenspirit gab mir zu Verstehen, dass ich auch auf der körperlichen Ebene Kraft brauchen werde, denn ich habe bislang ausreichend persönliche Kraft gesammelt, sodass sie mich heute viele Ebenen hindurchführen wird, wenn ich bereit dazu bin. So stand ich nun in der Küche, fühlend was mir in diesem Moment wirklich Nahrung sei. Ich wusste, dass ich nicht viel Essen muss, dafür aber Wertvolles. Also griff ich, wobei dieses Ich diesmal eins mit der Intelligenz meines Körpers war, zu dem Glas mit den Sprossen. Jede einzelne Sprosse vibrierte und ich konnte förmlich spüren, wie ihre vibrierende Energie in meinen Körper überging. Dann öffnete ich den Kühlschrank und frage meinen Körper, was ihn denn noch nähren würde. Es war das selbstgebackene Brot und eine Schüssel gebratene Zucchini, die meine Mutter eigens für mich zubereitet hatte. Zuerst hat mein Kopf gehadert, wegen dem Öl, aber der Sprit lächelte mich an und gab mir zu verstehen, dass ich davon essen sollte. Ich nahm ein paar Scheiben gebratene Zucchini und plötzlich durchströmte mich eine Welle von Licht und Liebe. Es war wohl die Liebe meiner

Mutter; mit der sie dieses Gericht eigens für mich gekocht hatte. Ich war tief gerührt, eine Welle der Dankbarkeit durchlief mein ganzes Sein. Und auch im Brot pulsierten dieses Licht und die Kraft der Liebe, denn ich backe es immer bewusst aus Liebe zu meinem Kind und den Menschen, die tageweise mit mir leben oder auf Besuch sind. Ich habe zwar wenig gegessen, es fühlte sich aber satt und gut an. Voll gestärkt kehrte ich zurück in meinen Schutzkreis, um mich auf den nächsten Zyklus einzulassen.

(„Nahrung")

Staunend, fasziniert folgte ich mit meiner Aufmerksamkeit dem, was mir nun gezeigt wurde. Wie bei einem Dia-Vortrag wurden mir das menschliche Chakra-System und deren Zusammenspiel erläutert. Vieles war mir nicht ganz fremd, aber dennoch begann ich erst jetzt im Tiefen zu begreifen. Fasziniert auch von der List der Dunkelmächte, uns von unserem eigenen Licht abzuschotten, uns Menschen immer tiefer in den eigenen Morast zu verwickeln, sodass wir uns selbst verloren haben. Vergessen wer wir in Wahrheit sind. Ich merkte, dass ich viel zu sagen habe, zu überbringen und so stimmte ich zu, diese Unterweisung im Schwellenraum, wo Menschsein dem Göttlichen-Sein begegnen kann, niederzuschreiben.

(„Chakren & Strahlen")

Es sind schon mehrere Stunden vergangen seitdem ich den Schwellenraum betreten habe. Ich habe viel erfahren dürfen, wertvolles für meine Arbeit mit Menschen. Daher war ich überrascht, als der Spirit der Rose wissen will, ob ich für den nächsten Zyklus bereit wäre, denn Kraft hätte ich genug, meinte sie. Ich stimmte dem nächsten Durchgang zu, denn ich wollte mich nicht selber einschränken, indem ich mir weniger zutraute als die Geistwelt in mir sieht. Wie oft im Leben muten wir uns zu wenig zu, glauben schon an unsere Grenzen gekommen zu sein, sind bockig, weil uns alles zu mühevoll erscheint? Ich bemerkte, dass es wieder an der Zeit war weitere einschränkende und einengende Erfahrungsmuster loszulassen und so ließ ich mich bewusst wieder leeren, mich von dem großen Nichts verschlucken, im tiefen Vertrauen wieder ein Stück geläuteter, lebendiger und lichtvoller auftauchen zu können. Plötzlich befand ich mich in wahrhaftigem Überlebenskampf. Ich spürte, wie mir die Kehle zugedrückt wurde. Ich rang nach Luft, wollte das, was mich am Hals würgte von mir losreißen. Ein Ringen um Luft begann. Mir wurde übel und während mein Körper um das Leben kämpfte sah ich mich in meiner Geburt wieder. Ich wusste nicht nur viel über meine Geburt, ich hatte auch viel Körperarbeit geleistet. Doch was ich jetzt zu sehen bekam war so vielschichtig, dass ich meinen persönlichen Kampf los ließ. Ich sah, wie dunkle Mächte mich daran hindern wollten auf die Welt zu kommen. Die Nabelschnur hatten sie fest in der Hand. Auf der anderen Seite waren die lichten Wesen, Engel und Krafttiere, die mit aller Kraft für mein Leben kämpften. Die Übelkeit wuchs ins Unermessliche und wie wenn das Dunkle aus mir herausgepresst worden wäre, erbrach ich und ein alles durchdringender Anruf zu Gott brach aus mir hervor. Die mächtigen Gongs begannen zu schwingen und ein heiliger Gesang klang aus meinem Körper. Endlich wieder Luft zum Atmen. Erschöpft lag mein Körper auf der Matratze. Stöhnend, schluchzend aber sicher in Gottes Armen. Der Spirit der Rose nickte mir zu und forderte mich auf, meine Stimme zu erheben. Wie ein Kampfschrei, stark und machtvoll, die Gongs stimmten mit ein und das Dunkle wich mehr und mehr aus und von mir. Mit bebendem Körper legte ich mich in die Arme meiner spirituellen Eltern. Ich sah meine Kindheit, wie einen Film. Ich erkannte, dass ich immer verbunden war mit den Spirits. Nie alleine und immer beschützt. Meine Eltern wussten wohl nicht viel von meinem wahren Sein. Im Alltag war ich für sie zwar etwas merkwürdig, aber ohne hohe Anforderungen. Genügsam, wenn man mich in Ruhe gelassen hat. Tief verletzt durch die Normalität des Niederen Selbst. Ich erkannte ihre Liebe und auch meinen Schmerz des Nicht-gesehen-seins. Tiefe Liebe überflutete mein Herz. Ich liebe meine Eltern und auf ihre Art und auf ihrer Ebene lieben sie mich auch. Es fühlte sich nach einer tiefen Heilung an, denn mein Herz wurde ganz weit, glückseelig und voller Frieden. Etwas taumelig stand ich auf, um ins Freie zu gehen. Ich brauchte frische Luft und so trat ich in die kalte, sternenklare Nacht hinaus. Es schien mir, als ob die Liebe der Unendlichkeit mich schützend umhüllte, die Stille der Nacht mir ihre Melodie enthüllt und mir wurde bewusst, dass es diese Leere, das scheinbare Nichts ist, das uns alle verbindet.

Als ich in den Schutzkreis zurückkehrte, wartete der Sprit der Rose auf meine Bereitschaft für den nächsten Zyklus. Wir waren bereits über 12 Stunden unterwegs. Ich war bereit, meine gesamte persönliche Kraft auszuschöpfen und verneigte mich vor dem Spirit, als Zeichen meiner Bereitschaft, ihr in die nächste Runde zu folgen. Ich war vollständig ohne jegliche Erwartung, denn ich konnte mir nicht vorstellen, wohin sie mich diesmal führen wollte. Und da war es plötzlich da. Mein übergroßes Myom. Die Schulmedizin hätte es bei der Entdeckung bereits sofort operieren wollen, doch mein Körper bat um Zeit. Ich sah nochmals eine Szene aus meiner letzten Heilzeremonie, wo ich um Heilung bitten wollte. Die Meisterpflanze aber sagte mir, dass dies eine unkorrekte Bittstellung sei, denn Heilung ist bereits da, ich möge lieber um Unterstützung bitten, damit ich diese Heilung annehmen kann. Und über diese Kraft der Heilung wachte Gottes Gnade. Tiefe Dankbarkeit durchfuhr meinen Körper. Ich spürte Gottes Gnade und in mir brach ein Damm. Ein Damm gehalten aus Schuld und Selbstverurteilung, genährt von suchtmäßigem Verhalten und Giften. Alles, was ich noch tun konnte war um Vergebung zu bitten und mich selbst aus der Schuld zu entlassen. Es tauchten Bilder aus der Vergangenheit auf, aus früheren Leben, Menschen, die ich verletzt habe und immer wieder ich selbst, die ich mit allem am meisten verwundet habe. Und gleichzeitig lernte ich, dass dies alles nur einem Zweck diente; wieder heim zu kehren in die Liebe, ins Licht. Eine tiefe Dankbarkeit durchflutete mich abermals, mein Körper bebte und ich begriff, dass ich mit meinem Sein den Weg zurück ins Licht für Viele ebnete. „Ja", ich war vollends bereit auch andere durch ihren Prozess Heim zu begleiten, heim zu unserem liebevollen, gütigen Schöpfer:

(„Infofelder & Spontanheilung")

Es folgten Anweisungen, wie ich das Setting für das Betreten des Schwellenraumes auf dem Pfad der Rose auszurichten habe. Der Spirit der Rose meinte, dass ich niemanden ausschließen darf, denn jeder Mensch darf frei wählen. Sie aber kann jeden Menschen nur so tief in Zyklen führen, wie deren persönliche Kraft reicht. Dies wird bei jedem unterschiedlich sein. Auch ich muss darauf achten, dass ich meine persönliche Kraft bewahre und aufbaue. Daher werde ich mal den Raum halten und mal mit ihr reisen.

Es dürfen im Raum nur so viele eintreten, wie der Raum Platz gibt, denn es ist wichtig, dass sich die ersten Aura-Schichten der Anwesenden nicht überlappen – v.a. der emotionale und der mentale Körper. Wir mögen den Schwellenraum gegen 13:00 betreten, damit die ersten Zyklen in dem Zeitfenster stattfinden können, bei dem auch das Tagesbewusstsein mitwirken kann. Unabhängig dessen, wie lange der Zyklus eines einzelnen dauert, die Gruppe betritt gemeinsam den Raum und bleibt geschlossen, solange nicht jeder seine Prozesse abgeschlossen hat. Dieser Raum ist durch einen Schutzkreis zu heiligen und dies gehört zu meiner

Aufgabe, ihn zu ziehen und zu halten. Die Reise findet innerhalb dieses Schutzkreises statt. Daher ist jeder verpflichtet, diesen Kreis nur für unablässige Tätigkeiten zu verlassen und bald möglichst wieder in den Kreis zurückzukehren. Der Spirit der Rose und die Spirits begleiten uns und es ist eine persönliche Erfahrung, die sich nach innen entfaltet. Somit sollte die meiste Zeit am eigenen Platz verbracht werden, wo gerne auch ein eigener Altar errichtet werden kann. Wir sind alle Kinder Gottes, auch wenn unser Ego dies leugnen mag. Daher vertraue ich der Seele jedes einzelnen, dass sie genug innere Stärke und Wissen hat für das eigenen Heil-Sein. Ich darf alle Anwesenden darauf hinweisen, dass sie bei sich bleiben sollen. Sollte jemand das Bedürfnis haben, jemanden anderen helfen zu müssen, dann geschieht dies ausschließlich auf der Ebene der Seele – somit darf er für diese Seele beten, ihr Liebe schicken und sich vor ihr verneigen. Wir alle dürfen uns unserem inneren Kampf zwischen Licht und Schatten stellen und dieser Kampf wird im Schwellenraum über das Ringen des Egos mit Gott sichtbar. Ich vertraue, dass letztendlich immer die Seele gewinnt und zum Licht heimkehrt.

(„kosmische Ordnung und das Gewissen als Ordnungshüter")

Ich darf vor dem Eintreten in den Schwellenraum den Hinweis geben, dass wir lichte Kleidung tragen können, als bewusste Entscheidung für den Sieg des Lichtes. Den Prozess wird man aber dennoch selber erfahren und durchleben, egal wie man gekleidet ist.

In mir ist Stille. Ich habe das Gefühl geprüft worden zu sein und habe bestanden. Ein Gefühl von Würde gepaart mit tiefer Dankbarkeit, das ist es wohl, was Demut in seinem tiefsten Grund bedeutet. Ein Abbild Gottes zu sein, aber nicht Gott. Sich nicht klein zu machen, aber nicht in den Größenwahn zu verfallen. Ich atme tief durch, bin mir meiner Kraft und auch meiner Herzensmacht bewusst. Tiefe Ruhe, Entspannung und Präsenz. Gelassenheit durch all diese Erkenntnisse. Ich wollte mich einrollen und schlafen, als der Spirit der Rose abermals klar vor mich trat. Ich richtete mich auf, neugierig auf das, was er mir zu sagen hatte. „Du hast noch genug persönliche Kraft, bist du bereit für den letzten Zyklus für dieses Mal?" Absolutes Erstaunen, aber fern von jedem Zweifel Ich war bereit, denn ich hatte mein Leben in den Dienst der Liebe gestellt. Ich habe dieses Erdenleben mit einem klaren Auftrag begonnen und ich wusste, dass ich die ersten 50 Jahre Erfahrungen gesammelt habe, vorbereitet und trainiert wurde, persönliche Themen noch aufgearbeitet habe. Alles, um jetzt bereit zu sein für das, wofür ich gekommen bin. Ich verneigte mich, bereit für die nächsten 50 Jahre hier auf der Erde. Mein Lachen erfüllte den Raum und ich begann zu Chanten. Der Gesang war ein Gebet an Gott. Ein Bitten und Flehen um Gnade und Hilfe für uns Menschen. Immer wieder das Vater Unser. Wir Menschen sind an einem Punkt angekommen, wo wir uns so sehr verloren haben, dass wir Gott brauchen, nenne es Liebe, Licht oder Schöpfungsgeist. Für mich ist es Gott, mein geliebter Vater, meine liebende Mutter und mein allwissender Schöpfer. Sein Wille geschehe. Ich bin vollständig bereit, mich in seinen Dienst zu stellen. Möge ich als Gefäß dienen, damit sein Wille, seine Liebe durch mich auf die Erde fließt. Denn sein Wille geschehe, wie im Himmel so auf Erden. Sei du unsere Nahrung, das tägliche Brot, das wir zum Sein brauchen, damit wir zum Leib Christ werden. Reinige uns von all den Giften, die unsere Körper durchdrungen haben und vergebe uns unsere Schuld. Wir brauchen deine Gnade, denn sonst bleiben wir in der Illusion der Schuld, gefangen im ewigen Wechsel Opfer - Täter – Märtyrer. Hilf uns unsren Peinigern zu vergeben, damit auch sie ins Licht zurückkehren können. Bitte geliebter Vater, liebende Mutter, schütze uns vor den Versuchungen unseres Egos, stärke unsere Herzensenergie, damit wir nicht weiter in Versuchung geführt werden können und erlöse uns mit Deiner Liebe, Deinem Licht. Sein Dein ist die Schöpfung und die Macht. Bitte nimm uns bei der Hand und gib uns den Mut zu entscheiden, damit wir Heimkehren können in das Licht, zurückfinden als Deine Kinder. Denn Du bist das Licht und die Herzlichkeit in Ewigkeit und es ist an der Zeit, dass wir Kinder erwach(s)en und unser Leben so gestalten, wie wir es in unserem Herzen tragen. AMEN.

Draußen brach der Tag an. Es ist morgen geworden! Danke für alles. Danke an alle und Dank sei Gott dem Herrn.

Reisebericht der Seele einer alten Schamanin in der neuen Zeit

2. Teil

„Schwellenraum"

Die körperliche Entsprechung für diesen Schwellenraum, dem Ort des Bewusstseins, wo das individuelle Alltagsbewusstsein ins transpersönliche Bewusstsein, d.h. Gott-gewahr-sein übertreten kann, finden wir in unserer Zirbeldrüse. Diese wird energetisch vom Ajna / dem sog. 3. Auge versorgt. Es braucht keine Verschwörungstheorien um nachweisen zu können, dass diese menschliche Drüse durch den Lebenswandel des modernen Menschen mehr und mehr verkümmert ist. Aber wer diesen Schwellenraum betreten will, wird wohl an einer körperlichen Entgiftung nicht vorbeikommen. Natürlich kann ich durch tägliches Meditieren die Zirbeldrüse aktivieren, doch scheint es mir, dass unsere Lebensdauer in diesem Körper unter Einfluss all der Umweltgifte, denen wir ausgesetzt sind nicht ausreicht, wenn wir diese Aktivierung ausschließlich über Meditation erlangen wollen. Leider ist unser Körper zahlreichen Schwer- und Leichtmetallen ausgesetzt. Um mit diesen umgehen zu können, lässt sich der Körper von Bakterien und Parasiten besiedeln, die diese Metalle in sich aufnehmen. Um diese bewirten zu können, braucht er schnell verfügbare Kohlenhydrate, sowie ein saures Milieu. Dieses wiederrum nährt vermehrt unser Stammhirn, das für unser Überleben wichtig ist, aber uns an unserer geistigen Entwicklung hindert. Somit verkümmert mehr und mehr die Zirbeldrüse, die uns dabei unterstützen sollte, Ekstase zu erleben und uns durch dieses Gefühl der Glückseligkeit wieder mit der Schöpfung verbunden zu fühlen. Es ist medizinisch erwiesen, dass die Zirbeldrüse / Epiphyse DMT ausschütten kann, wenn sie voll entwickelt und aktiviert ist. Dieses sog. „Spirituelle Molekül" ähnelt dem Serotonin und nutzt die gleichen Rezeptoren. Somit steht das Gefühl der Glückseligkeit dem Gottesgewahrsein und dem Empfinden des All-Eins-Seins sehr nahe.

Diese Drüse ist laut Descartes auch „der Sitz der Seele" im Körper. Für mich heißt dies, dass es die Schnittstelle vom Niederen zum Höheren Selbst ist. Um sich in das höhere, göttliche Selbst zu entwickeln ist es daher unerlässlich, diese Drüse zu aktivieren. Dabei hilf auf der körperlichen Ebene u.a. Schwermetallausleitung, Darmsanierung, Parasitenkur, gesunde Ernährung und frische, sauber Luft in der Natur. Doch was ich noch spannender finde, ist die Verbindung der Zirbeldrüse zum 6. Hauptchakra / dem Ajna. Bei meiner Ausbildung „human energy field" erfuhr ich, das im Ajna die Energien der unteren 5 Chakren zusammengeführt werden und die Energie des Ajnas abhängig ist von der Balance dieser. Auch ist es das einzige Zentrum, dass kein Paar mit einem anderen bildet, denn es ist der Hüter der darunterliegenden Chakren.

Gleichzeitig benötigen wir unser Ajna in Verbindung mit dem Kronenchakra und dem Alte Major um unseren „Schöpfungsapparat" zu mobilisieren.

Außerdem steht die Körperregion unmittelbar hinter dem Ajna energetisch in Verbindung mit unserer Einnistung. Könnte es sein, dass der Grund unseres Daseins in engem Kontakt mit unserem Schwellenraum steht, oder dass diese sich gegenseitig bedingen? Somit wäre unsere spirituelle Reise der wahrhaftige Grund unserer Geburt. Wäre es möglich, dass nicht Karma unser Leben formt, sondern das Leben einzig unserer spirituellen Entwicklung dient? Ein Trainingsprogramm, um mehr und mehr zum Abbild des Schöpfers zu werden. Mehr und Mehr zu sein, was wir in Wahrheit sind? Geschöpfe Gottes? Vielleicht führt uns unser Leben immer wieder vor ein Nichts, um uns wachsen zu lassen. Dieses Nichts, was wir vermeintlich als Ende empfinden, in sexuellen Beziehungen, existenziellen Fragen, Situationen des absoluten Machtverlustes,. u.v.m....dieses Nichts, in das wir hineingestoßen werden, um eine lichtere Version unserer Selbst zu finden und dadurch zu reifen und zu wachsen.

Das Leben nicht als Strafe, sondern als wahrhaftige Chance, sich immer mehr zu dem zu entwickeln, was wir in Wahrheit sind. Wir sind Licht, wir sind Liebe!

Immer wieder eingetaucht in das Nichts, als seelische Lektion, die untersten 3 Chakren / das Ego zu läutern. Weiterführende Infos unter: *(„Chakren & Strahlen")*

„Bewusstseinsframes"

Wissenschaft liefert den Menschen den Denkrahmen, innerhalb dessen er dann seine Lebenszeit fristet, sofern ihm eine innere Stimme nicht dazu anhält, sein

Bewusstsein zu erweitern und das allgemein gültige Wissen zu hinterfragen. In der Bibel steht, am Anfang war das Wort. Das deutet auf die enorme schöpferische Kraft der Worte hin. Worte sind aber wie leere Schalen, die durch Unterricht und wiederkehrende Erfahrungen mit diesem Begriff gefüllt werden. Ich nenne diese Inhalte „Infofeld", das jedem Begriff inne wohnt und jeder Materie anhaftet. Nun beginnt der sich selbst prophezeiende Kreislauf, denn wenn z.b. ein Glas das Infofeld trägt, das es bricht, sobald es auf den Boden fällt, wird es brechen, wenn es fällt, was wiederrum das Wissen darüber bestärkt und somit werden die Möglichkeiten mehr und mehr eingeschränkt durch das sogenannte Wissen über die Dinge. Doch in Wahrheit ist alles Wissen Ausdruck von Glaubenssätzen. Diese Glaubenssätze sind es, die unser Verhalten prägen und uns mehr und mehr vom Potential der Schöpfungsmöglichkeiten abschneiden, einengen und in ein begrenztes Denkmuster hineinpressen. Doch je mehr Menschen das gleiche Infofeld nähren, desto stärker erhält sich der Rahmen der Möglichkeiten. Heute wissen wir auf Grund der Quantenphysik, dass Lichtteilchen sich genauso verhalten, wie die Erwartung (d.h. das angelernte Wissen) des Beobachters. Was, wenn alle Atome sich so verhalten und die Welt, so wie wir sie kennen, nur deshalb so besteht, weil wir das passende Wissen dazu eingetrichtert bekommt haben? Was, wenn wir beginnen würden alles erlernte Wissen loszulassen uns gleichsam als Gefäß auffassen, das wir leeren, bisher Erkanntes und Erlebtes loslassen, um uns mit einer licht- und liebevolleres Definition unseres Selbst neu zu erfüllen? Mit dem neuen Infofeld neue Erfahrungen machen, aus dem einschränkenden Bewusstseinsrahmen hinauswachsen, um unser gesamtes Hirnpotential zu entfalten. Wir brauchen kein betreutes Denken, wir brauchen die Wahrheit und sollten offen sein für sie. Alleine das Hinterfragen, von wem gewisse Informationen, Studien etc. unterstützt werden und wer letztendlich daraus Profit schlägt, wird uns empfänglich machen für die Absichten, die dahinter stehen. Solange ein Wissen nicht allen dient, sondern sich mehr des Menschen „bedient", sollte es hinterfragt und auf Wahrheit geprüft werden. Wir sind ein lebendiger Organismus und wenn ein Teil Schaden nimmt, werden alle darunter leiden.

Lasst uns achtsam sein und beobachten, ob gewisse Begriffe/Fakten vom Verstand genutzt werden, um uns in der Welt der Illusionen/ innerhalb des materiellen Framings zu halten. Denn Begriffe werden erst zur Realität, wenn wir das vorgesetzte Wissen als real betrachten. Daher ist es an der Zeit, unser göttliches Selbst als real zu betrachten, damit dieses unseren Alltag leitet und somit unser Bewusstseinsrahmen ausgedehnt wird.

„Der Intuition vertrauen"

Im hawaiianischem Weltbild gibt es eine schematische Darstellung, an Hand derer ich „Intuition" erklären will. Der Schlüssel, um der eigenen Intuition und Intension vertrauen zu können liegt beim Inneren Kind, auch wenn das bewusste Ich glaubt, selbstbestimmt zu sein und die freie Wahl zu haben.

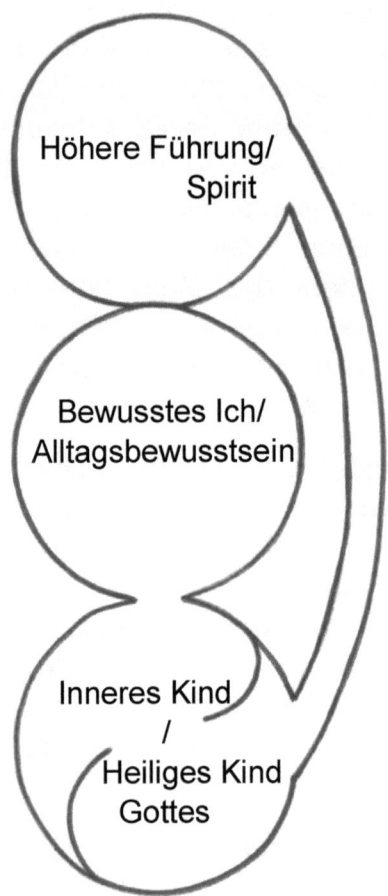

Es ist unser Inneres Kind, das unsere Wahl beherrscht, denn es ist auf der Suche nach Heilung. Leider geschieht diese aber nur mit Bewusstsein und daher passiert es eher, dass wir wiederkehrende Erfahrungen mit immer dem gleichen Schmerz erfahren. Was passiert hier im Verborgenen?

Mein inneres Kind verstellt sich als „Eingebung", das dieses oder jenes das Richtige sei. Das bewusste Ich vertraut dieser Eingebung, bis sich am Schluss herausstellt, dass man einer Illusion erlegen ist. Das bewusste Ich beginnt an dem eigenen höheren Selbst zu zweifeln und geht zum Selbstschutz immer mehr in den Verstand. Gleichzeitig will es aber Kontakt zum höheren Selbst, denn wir alle haben in uns das Streben nach dem Sinn unseres Daseins. Leider gibt es aber keinen Durchgang vom bewussten Ich zum höheren Selbst. D.h. wir können meditieren, beten, was auch immer wir bewusst praktizieren, es wird die Energie der Seele nicht in unser Bewusstsein fließen lassen. Erst wenn wir uns der Heilung unseres inneren Kindes zuwenden und seine Bedürfnisse und Sehnsüchte befrieden (ist nicht das gleiche wie befriedigen!), darf das heilige Kind in uns zum Vorschein kommen. Das geheilte Kind in uns, gehalten von den liebevollen Spirits der Elternschaft. Und jetzt erst öffnet sich die Verbindung zum höheren Selbst. Es ist das heilige Kind in uns, das mit der göttlichen Quelle verbunden ist. Jetzt erst fließt die Eingebung / Intuition, unverfälscht von den Wunden aus unserer Kindheit und Vergangenheit. Dieser dürfen und sollten wir auch folgen, denn diese ist mit der Herzensweisheit verbunden und hat immer das wohl aller im Fokus.

Hier noch ein paar Impulse zum Thema Kindheitserfahrungen und Inneres Kind. Die Zeit von der Konzeption bis zu den ersten drei Lebensjahren ist geprägt von der Mondenergie / der Mütterlichkeit.

Während dieser Zeit ist jedes Handeln eines Kindes Ausdruck der seelischen Bitte um Heilung. In diesem Zeitraum kennt das Kind noch kein Ego, denn der Wandel von der Mond- zur Sonnenenergie findet erst im 3.-4. Lebensjahr statt. Das Kind agiert daher nicht bewusst kontrolliert, sondern eher reaktiv-instinktiv. Es braucht Heilung, v.a. durch liebevolle Präsenz und Aufmerksamkeit. Es hat kein sogenanntes Trotzverhalten sondern spiegelt oft das starke Ego der Eltern. Diese projizieren auf ihr Kind und fühlen sich vom Kind dominiert.

Doch Eltern werden heißt auch das eigene Ego sterben zu lassen, um in den Dienst der Kinderseele zu treten. Denn nur so können wir die Schätze erhalten, die Kinderseelen für uns auf die Erde bringen wollen. Das ist leider ein großes Problem unserer Zeit, denn wir betrachten uns als die Vorbilder, die die Kinder erziehen, sie in unser altes Wissen als Bewusstseinsframe hineinpressen müssen, um gute Eltern zu sein. Und gerade in der Mondenergie sind die Kinder Spiegelflächen des Umfeldes, zeigen die Schwachstellen der elterlichen Persönlichkeit und des Systems. Eigentlich sollten wir sie spiegeln, damit kollektiv Heilung stattfinden kann und wir uns an unsere eigene göttliche Quelle erinnern. Denn Kinder, die auf natürliche Weise gezeugt werden kommen aus der Urquelle und stehen während diesen ersten Lebensjahren verstärkt mit dem göttlichen Ursprung in Verbindung.

„Sexualität"

Alles Leben entsteht auf Grund der Sexualität, daher liegt in ihr sicherlich eine besondere Kraft, aber auch Macht verborgen. Es gibt auch viel Literatur zum Thema Tantra, doch wie mit Allem kann auch dieses Thema durch spirituellen - sexuellen Missbrauch unsere Herzensenergie schwächen und unser Feld einschwärzen. Doch will ich hier einige andere Gedankenimpulse anregen. Im göttlichen Sinn, wenn sich zwei Seelen in gegengeschlechtlichen Körpern lieben und aus dieser Liebe eine neue Seele zur Inkarnation einladen, findet eine heilige Kommunion zwischen Mann und Frau statt. In der Ekstase, wenn sich die spirituellen Tore öffnen, entsteht ein neues Lebewesen, geboren aus Liebe / Licht. Doch was ist heute noch „Liebe" oder „heilige Kommunion"? Die moderne Gesellschaft denunziert Liebe zu einem Vorteil der Persönlichkeit. Sie soll frei von Verantwortung und schon gar von Verpflichtung sein und Kommunion scheint als ein etwas veralteter Begriff belächelt zu werden. Mann und Frau verbinden sich nur mehr auf Zeit und so brechen viele Elternschaften auseinander und das Kind verliert den Schutz der Familie. Damit verschiebt sich auch das Thema Kinder bekommen und entweder will ein Paar ein Kind oder es will keines. Jetzt rutscht dieses Thema bereits in eine schwerere Schwingungsfrequenz, denn durch den Willen der Persönlichkeit der Eltern übernimmt das Ego die Kontrolle über die Sexualität. Spannend ist aber auch, was bei der Konzeption noch codiert wird. Wir „reisen" ja nicht als unbeschriebenes Blatt auf die Erde und die Samen- und

Eizelle, aus der wir entstehen wurden ja bereits bei der Zeugung unserer Eltern im Leib unserer Großmütter angelegt. Damit enthalten sie die Information der vorhergegangenen Generation. Nachdem die Gebärmutter vom Sakral-Chakra energetisch versorgt wird und in diesem Chakra auch der Sitz unserer Sippengeschichte mitschwingt, betreffen die Informationen, die meine Eltern bis zu meiner Zeugung erfahren und abgespeichert haben, ebenso das Sakral-Chakra. Diese beinhalten auch deren sexuelles Leben – d.h. auf der energetischen Ebene sind wir verbunden mit allen bisherigen Sexualpartner_innen unserer Eltern. Diese Tatsache ist seit Bert Hellinger und seiner Arbeit mit dem wissendem Feld ja schon Großteils bekannt. Für mich war aber die Tragweite dessen bisher noch nicht so greifbar, denn jede sexuelle Vereinigung, die eher aus dem Trieb heraus vollzogen wurde, nährt die „dunkle" Energie der Sexualität. Nur wenn der Akt vom Herzen heraus genährt wird, dient die Sexualität der Liebe und fördert unsere Achtsamkeit und das Bewusstsein. Und alles im Universum ist Bewusstsein und strebt nach Bewusstwerdung dessen, was es ist. So hat auch die Samen- und Eizelle, aus der wir entstanden sind Bewusstsein und wir tragen dieses in uns. Das reine Bewusstsein dieser urweiblichen und urmännlichen Zelle ist die Transformation in Ekstase.

Die Eizelle lädt die Samenzelle ein, das Leben neu zu initiieren. Beide Zellen wissen um ihren Tod und die Auflösung ins Nichts, um neu entstehen zu können. Leider ist auf der irdischen Ebene dieses reine Bewusstsein bereits überlagert mit schwereren, tiefer schwingenden Frequenzen, sodass die Erfahrung der Konzeption bereits oft verletzt abgebildet wird. Somit muss die Samenzelle gewaltvoll in die Eizelle eindringen, sie „töten" um danach selber zu sterben. So manifestiert sich auf subtiler Weise das Opfer – Täter – Muster in unsere Lebenserfahrung und je nach dem, mit welcher Energie (Eizelle repräsentiert das Weiblich – in dem Fall das verletzte Opfer und die Samenzelle steht für das Männliche – in diesem Fall für das Patriarchale / Täterschaft) wir uns mehr verbunden fühlen, brennen wir in unserem Sexual-Chakra das Grundkonzept von Ohnmacht / Opfer-Märtyrer-Energie oder Machtmissbrauch / Täter-Energie ein. Somit prägt der sexuelle Zeugungsakt unserer Eltern unser 2. Chakra. Aber auch die gelebte Sexualität während der Schwangerschaft formt dieses Energiezentrum des Kindes mit.

Aber was in uns „wählt" genau diese Ei- und Samenzelle, dieses Herkunftssystem? Da ich nicht an Zufall glaube - dafür ist die Schöpfung unendlich wissend und liebevoll - muss es doch einen Sinn haben, warum wir uns gewisse Prägungen bereits bei unserer Geburt zugelegt haben. Aus meiner eigenen Erfahrung und meiner Arbeit mit Menschen konnte ich erkennen, dass offensichtlich unsere Pastlifes diese mitbestimmen. Unsere Seele will sich entwickeln, sich zu einem immer lichtvolleren Abbild Gottes entfalten, erkennen was sie in Wahrheit ist. Dafür braucht es Übungen und Lektionen um sich zu erkennen.

Was wir noch nicht erkannt und entwickelt haben, nehmen wir in unseren „neuen" Körper mit. Doch allem zugrunde liegt das Ziel, wieder in das reine Bewusstsein zurückzukehren.

Wenn bei der Konzeption die heilige und heilsame Kommunion zwischen Mann und Frau fehlt, dann wird dem Kind die spirituelle Liebeskraft vorenthalten und es verliert den Kontakt zu seinen spirituellen Eltern. Diese muss dann im späteren Leben durch die Arbeit mit dem Inneren Kind wieder hergestellt werden, damit wir leidvolle Erfahrungen aus unserer Kindheit als Chance nutzen können. Eigentlich sollte jeder sexuelle Akt eine heilige Kommunion und von der Liebe genährt sein. Und Liebe trägt auch Verantwortung für den anderen, bietet Schutz und Geborgenheit. Aber in unserer modernen Welt haben diese Werte auch beim Thema Sexualität keinen Platz. Jetzt werden mich wohl einige als Moralapostel abstempeln, damit sie sich ihrem Schatten des 2. Chakras nicht stellen müssen. Dennoch will ich hier einige Gedanken in den Raum stellen, nicht weil ich moralisch oder unmoralisch bin – bestenfalls bin ich amoralisch: was steht denn hinter dem „Fremdgehen" aus energetischer Sicht? Auf jeden Fall steht die Triebbefriedigung im Vordergrund. Und wissenschaftlich weiß man schon lange, dass „Verliebt Sein" nichts mit Liebe zu tun hat. Also übernehmen hier mal kurzfristig die Hormone das Sagen. Die Hormonausschüttung erfolgt auf Grund der Botenstoffe, die auch unsere Emotionen steuern. Diese wiederum werden mitbestimmt von den Mikroorganismen und auch den Parasiten und Viren im Körper, die wiederum unsere Energiefrequenz bestimmen und somit unser Bewusstsein. Triebe gesteuerte Sexualität erfolgt somit auf Grund der noch ungeläuterten unteren drei Chakren und lässt uns aus dem Opfer–Täter-Märtyrer–Muster nicht aussteigen. Oft geht jemand fremd, weil in der Beziehung Sexualität bereits als Machtmittel eingesetzt wird. Aber hier dreht sich das Opfer–Täter-Spiel einfach nur schneller.

Dazu kommt noch auf der unbewussten Ebene die Energie der Schuld dazu, denn nur wenn ich in meiner Männlichkeit / Weiblichkeit verletzt bin, trete ich in einen Konkurrenzkampf mit dem eigenen Geschlecht, um mich von meiner eigenen Potenz / Attraktivität zu überzeugen. Wir sollten uns mit unsresgleichen verbünden und ich als Frau bin mit den Frauen verbündet. Daher habe ich persönlich keinerlei Interesse daran, einen gebundenen Mann zu verführen. Außerdem kämpft Liebe niemals und daher ist das Buhlen um jemanden Ausdruck von Machtkampf und alles andere als Liebe.

Und noch ein Hinweis aus den Lehren der Tolteken: Jede Ejakulation, egal ob in ein Kondom oder nicht, verankert sogenannte Spermienfäden in den Energiekörper der Frau. Über diese Fäden fließt Energie ab und die Frauen werden mit den anderen Sexualpartnerinnen des Mannes verbunden. Diese Spermienfäden werden durch jede

Ejakulation, auch wenn es ein anderer Mann ist, neu belebt und in der toltekischen Tradition heißt es, es braucht 7 Jahre sexuelle Enthaltsamkeit, um diese Fäden aushungern zu lassen.

Ich denke, es ist an der Zeit dem Thema „Sexualität" mit mehr Bewusstsein zu begegnen und die sexualisierte, moderne Welt, wo mit Reizen für alles Mögliche geworben wird, zu hinterfragen. Für mich ist dieses Thema eines der Haupttore, über die dunkle und schwere Energie in unsere Welt hereinfließt. Vor allem wenn wir auch an Kinderpornographie, Prostitution, Frauenhandel, rituellen-sexuellen Missbrauch u.v.m. denken.

Lassen wir der Sexualität Heilung zukommen, damit sie uns in Verbindung mit der Liebe wieder anbindet an die göttliche Quelle, mit ihrer wahrhaftigen Ektase uns in den Schwellenraum eintreten lässt, um dem Licht gewahr zu werden. Und diese heilige Sexualität ist jenseits der Körperlichkeit, schließt diese aber ein, unabhängig vom Geschlecht. Wir alle sind sowohl Yin als auch Yang und in der Liebe sind beide gleichranging.

„Nahrung"

Eines der Menschenrechte sollte das Recht auf kostenloses, sauberes Trinkwasser sein. Wir bestehen aus ~70% Wasser und brauchen sauberes Wasser, um Schlack- und Giftstoffe aus unserem Körper auszuschwemmen. Unter sauberem Wasser verstehe ich nicht die optische Täuschung von reinem Wasser, so wie es bei uns in Österreich aus der Leitung kommt. Unter sauberem Wasser verstehe ich die Leitfähigkeit und den ph-Wert des Trinkwassers. Dies ist auch bei uns in der westlichen Welt ohne eigene Filteranlage nicht mehr vorhanden, dabei würden wir „zivilisierte Menschen" diese notwendiger haben als je zuvor, denn durch die Überfüllung ist unser Körper verschlackt und übersäuert.

Hilfreich wäre auch, wenn neben der Leitfähigkeit auch die energetische Qualität des Wassers beachtet wird. Wasser ist äußerst empfänglich für Informationen. Sehr anschaulich hat dies der Wasserforscher Dr. Masaru *Emoto aufgezeigt. Wir dürfen daher auch hier Achtsamkeit üben. Vielleicht magst du ja das Trinkwasser segnen. Wir brauchen jede Art von Unterstützung, um den schädlichen Umwelteinflüssen entgegenhalten zu können*

Dazu gehört auch die Achtung vor dem, was wir essen. Ich bin schon seit meinem 16. Lebensjahr Vegetarierin, aber in den letzten Jahren reduziere ich auch mehr und mehr Eier und Milchprodukte. Ich merke, dass sie mir nicht mehr gut tun. Dafür verlangt mein Körper nach lebendiger Nahrung. Diese führe ich über Sprossen, Kefir und Kombucha zu. Auch frische Säfte und Smooithes liebt der Körper sehr. Was gesund war wusste ich, aber erst nach einer ausführlichen Darmreinigung wurde dieses Wissen zu einem angewandten Alltag. Damals stellte sich mir des Öfteren die Frage „wer in mir hatte denn das Verlangen dies zu essen oder zu trinken?", denn seit der Rosskur hat sich mein Essverhalten von selbst stark verändert.

Auch wenn es ver-rückt klingt, aber während den Darmspülungen hatte ich tiefste Gotteserfahrungen. Insofern habe ich das Gefühl, dass es gut wäre hier näher auf dieses Thema einzugehen, auch wenn es ein Tabuthema ist. Ich habe mir auf Empfehlung ein Darmspülgerät für zu Hause vom Verein Stifl besorgt, denn es wird empfohlen bis zu 100 Spülungen mit jeweils 80-100 l Wasser zu machen. Dass eine Hydrokolon-Therapie Vorteile hat, habe ich bereits mehrmals erfahren, doch ist diese auch sehr kostspielig. Der Erfinder dieses Heimgerätes ist voller Wissen über die Darmgesundheit. Daher empfehle ich bei Interesse mit ihm Kontakt aufzunehmen.

Meine wichtigste Erkenntnis aber war, dass wir im Darm Reflexzonen zu den restlichen Organen haben und durch Schlacken im Darm der gesamte Organismus schwerere Schwingungsfrequenzen hat, dies bedeutet gleichsam „krankhaftere" Frequenzen. Der unterste Teil des Dickdarms wird sehr selten geleert, da der Zwölffingerdarm etwas erhöht in den Dickdarm mündet und durch das ständige Essen immer für Nachschub gesorgt wird. Aber genau in diesem unteren Bereich befindet sich die Referenzzone für die Zirbeldrüse! Welch

Überraschung. Offensichtlich habe ich durch die Darmspülungen auch diesen unteren Darmabschnitt gesäubert und was ich energetisch erlebt habe, gleicht Erfahrungen tiefer schamanischer Reisen und Heilzeremonien.

Wenn wir nun die Brücke zurück zu unseren Hauptchakren schlagen, dann unterliegt die Verdauung und damit der gesamte Darm dem 3. Hauptchakra, dem Solar Plexus.

Mir wurde klar, dass die dunklen Kräfte versuchen, uns über die Ernährung in der niederen Schwingung zu halten. Da auch sie den freien Willen jedes Lebewesens respektieren müssen, verleiten sie uns Menschen über unsere Wahl der Ernährung. Denn es ist unsere freie Entscheidung, womit wir uns nähren wollen. Doch wir sind, was wir essen und wir essen definitiv zu viel und oft Wertloses.

Mit dem konventionellen Gemüse nehmen wir Pestizide und Schwermetalle zu uns. Mit dem Fleisch aus der Massentierhaltung füllen wir uns mit Hormonen, Antibiotika, aber auch allen Botenstoffen, die durch das Leid und die Angst der Tiere ausgeschüttet werden. Durch Süßigkeiten und Genussmittel wird der Körper sauer und schon besiedeln uns Parasiten, Viren und Bakterien, die unser Energieniveau senken und sind leichte Beute für alles Dunkle, v.a. unserem eigenen niederem Selbst. Es gibt Untersuchungen, dass es sogar Parasiten gibt, die unser Verhalten steuern. Sie machen uns Resistenz gegen Empathie und fördern das egozentrische Verhalten.

Einer dieser sog. „Verstandesparasiten" ist der Toxoplasmose Gondii und spannender Weise wird dieser durch die Meisterpflanze des Amazonas – Ayahuaska – aus dem Körper ausgeschleust. Wieso ist denn gerade diese Naturmedizin der Erde in so vielen Ländern verboten? *Dieter Broers hat hier spannende wissenschaftliche Zusammenhänge in seinen Büchern beschrieben.*

Unumstritten hängt unser Gesundheitszustand - und dies auf allen Ebenen - von den Mikroorganismen ab, die unseren Körper besiedeln. Wusstest du, dass das genetische Material der Mikroorganismen unsere persönliche genetische Masse um ein vielfaches übertrifft? Die Frage „was in mir bestimmt" ist wohl gar nicht so abwegig. ☺

„Chakren & Strahlen"

Wie bereits erwähnt habe ich meinen Zugang zu den Chakren und den Energiefeldern über das Human Energie Field nach A.Bailey. Ich weiß, dass es viele Schulen gibt und daher stelle ich diesen Zugang einfach als Gedankenimpuls in den Raum und nicht als einzige Wahrheit, vielmehr als erweiternde Informationen.

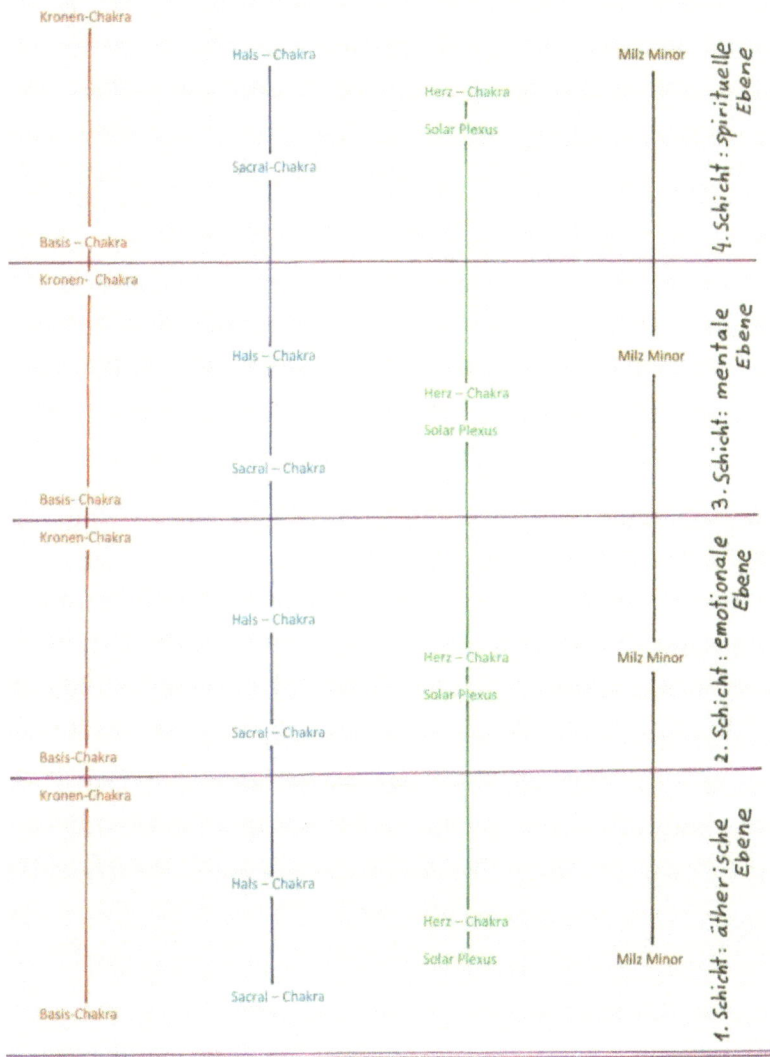

Kronen-Chakra

Hals – Chakra   Milz Minor

Herz – Chakra

Solar Plexus

Sacral-Chakra

Basis – Chakra   4. Schicht: spirituelle Ebene

Kronen- Chakra

Hals – Chakra   Milz Minor

Herz – Chakra

Solar Plexus

Sacral – Chakra

Basis- Chakra   3. Schicht: mentale Ebene

Kronen-Chakra

Hals – Chakra

Herz – Chakra   Milz Minor

Solar Plexus

Sacral – Chakra

Basis-Chakra   2. Schicht: emotionale Ebene

Kronen-Chakra

Hals – Chakra

Herz – Chakra

Solar Plexus   Milz Minor

Sacral – Chakra

Basis-Chakra   1. Schicht: ätherische Ebene

Körper

Ich arbeite mit den 7 Hauptchakren, dem Alta Mayor und dem Milz-Chakra, als Bindeglied zur Mutter Erde. Das Milz-Chakra befindet sich unterhalb des Zwerchfells, links im Bereich der Milz. Die 7 Hauptchakren findet man in den ersten Aura-Schichten, die ich als Energiekörper bezeichne. Den physischen Körper umgibt unmittelbar der ätherische Körper, umgeben vom emotionalen Körper, eingehüllt vom mentalen Körper und anschließend dem spirituellen Körper, der sich in die Unendlichkeit ausdehnt und uns mit allem verbindet. In jedem dieser Körper finden wir die Hauptchakren wieder, doch in immer feiner werdenden Schwingungsmustern. Wie ich bereits erwähnt habe, bilden sie, mit Ausnahme des Ajnas , Chakren-Paare, die jeweils von einem der 3 göttlichen Strahlen genährt und versorgt werden. Sobald diese Strahlen ungehindert hinab fließen können, entsteht ein Energiekreislauf und wir können die jeweilige göttliche Qualität (Wille/Macht, Liebe, Wissen) in unser alltägliches Leben einfließen lassen. Doch dazu später noch Näheres.

Damit befinden sich jeweils eines der Chakren-Paare unterhalb des Zwerchfells. Diese körperliche Membran ist notwendig, um die feiner schwingenden, höheren Chakren zu schützen, solange die niedrigen Chakren noch nicht geläutert sind. Über diese Schwelle wacht unser Ajna, der wie ein Seismograph die Qualitäten der ersten 5 Chakren wahrnimmt. Wenn wir aber den Aufstieg in die höheren Chakren durch gewisse Techniken wie z.B. Kundaliniyoga, Atemtechniken, künstliche Substanzen etc. forcieren, gefährden wir unsere Erdung und können leicht abdriften oder in eine Psychose rutschen, in der wir dann den Bezug zu unserem Alltagsbewusstsein verlieren.

Energetisch gesehen gibt es keine Abkürzung zur Erleuchtung, denn wir dürfen uns entwickeln, ohne den Kontakt mit unserer physischen Ebene zu verlieren. Nicht ohne Grund haben wir in diesem Leben einen Körper gewählt.

Das Zwerchfell ist aber auch wie eine schalldichte Mauer, die uns von der Verbindung zu Gott trennt, solange wir der Macht des Egos folgen. Die dunklen Kräfte, unsere eigenen Schattenwesen, besiedeln die unteren 3 Chakren und lassen uns an die verdrehte Macht, die Macht des Egos glauben, da wir verwechselt haben, dass wir zwar Ebenbilder Gottes sind, aber nicht Gott selbst.

Ein spannendes Symbol dafür ist das Fünfeck. Aufrecht ist es das Symbol für den aufrechten, gesunden Menschen

Es verbindet die fünf Elemente, wobei Erde, Wasser, Feuer und Luft irdische Elemente sind und oben steht der Äther bzw. Akasha, das spirituelle Element. Sobald sich das Irdische über das Spirituelle erhebt, dreht sich das Fünfeck und wird zum Pentagramm, das wir als

Symbol für schwarze Magie kennen. Und Magie hat als treibende Kraft den persönlichen Willen, der den Hauptsitz im Solar Plexus hat. Dort ist auch unser Inneres Kind energetisch angesiedelt (Erinnere dich an das Kapitel *„Der Intuition vertrauen"*)

Und noch ein Impuls zu diesem Symbol: bei der Konstruktion eines Fünfeckes ist immer auch das umgedrehte Symbol enthalten. So lässt sich der Wechsel in alle Ewigkeit weiter konstruieren, bis wir aus diesem Spiel aussteigen.

Und vielleicht ist gerade das Erkennen unser Ausstieg. Denn wir haben unseren wahren Ursprung vergessen, uns selbst verloren, uns dadurch von Gott / der Schöpfung abgewandt. Somit haben wir unsere schöpferische Kraft vergessen und uns in die Knechtschaft der dunklen Kräfte begeben, denen wir nun unsere Energien zur Verfügung stellen. In dieser Knechtschaft halten uns Macht, Leid, Sex und Gier in einem Wahn, die unser Ich süchtig gemacht haben, damit es nicht beginnt nach der Wahrheit zu suchen.

Körperlich herrschen die unteren drei Chakren über folgende Organe und stehen somit mit folgenden Bereichen in Verbindung:

1. Chakra / Basis-Chakra versorgt den urologischen Bereich. Ängste schwächen dieses Energiezentrum am meisten, sowie der Kampf ums Überleben. Dabei würde uns das Basischakra tiefes Vertrauen in die Existenz durch Gottvertrauen schenken, wenn es angebunden ist an das 7. Chakra / Kronenchakra. Und die Niere braucht sauberes Wasser!

2. Chakra / Sakral-Chakra versorgt energetisch die Sexualorgane. Gefühle von Schuld, Scham, sowie triebgesteuerte Sexualität blockieren dieses Chakra. Es spiegelt aber auch ungelöste Themen unseres Familiensystems, karmische Aufgaben, sowie unser Geburtserleben – von der Konzeption bis einige Stunden nach der Geburt. Ein bereinigtes, angebundenes Sakral-Chakra lässt unser schöpferisches Potential zur vollen Entfaltung kommen, denn es ist mit dem 5. Chakra / Hals-Chakra verbunden und steht in Resonanz mit dem Thema „Wahrheit". Und in Wahrheit sind wir alle Liebe und können alles erschaffen, solange es zum Wohle aller ist. Dieses Energiefeld in der Schwingungsfrequenz zu heben braucht Dankbarkeit und radikales Vergeben, nicht nur den anderen, sondern vor allem sich selbst gegenüber. Die Klärung der Ahnenreihe, das Bearbeiten der Pastlifes, sowie die Bereinigung der sexuellen Energie – beginnend vom Zeugungsinprint bis zu allen sexuellen Interaktionen unseres Intimlebens wirken hier unterstützend. Aber auch

das Fördern der eigenen Kreativität zur Freude wirkt heilsam und hebt die Energie.

3. Chakra/Solar Plexus steht mit dem Verdauungstrakt in Verbindung. Bitte erweitere hier den Begriff des Verdauens auch auf die Bereiche Gefühle, Gedanken und spirituell-soziales Erleben. Hier sitzt unser Inneres Kind mit all seinen Verletzungen durch falschverstandene Liebe, es hält Missemotionen fest, die ein liebevolles Miteinander oft unmöglich machen, denn es prägt unser Verhalten aus der Bedürftigkeit und dem emotionalen Schmerz der Kindheit. Wenn die „Liebe" aus dem Solar Plexus kommt, dann verlieben wir uns genauso oft, wie wir uns wieder ent-lieben. Im Kurs in Wunder heißt es, dass das Ego nur zur „besonderen Liebe" fähig ist. Hier erhofft es sich Heilung und Befriedigung. Sobald er aber merkt, dass dieser Mensch, dem er seine besondere Liebe geschenkt hat nicht perfekt ist, die ersehnte Sehnsucht doch nicht befriedigen kann, dann wandelt sich diese besondere Liebe in den besonderen Hass. Dies sieht man dann in den zahlreichen Rosenkriegen bei einer Trennung. Es zeigt aber nur, dass solche Paare sich aus der Solar-Plexus-Energie verbunden haben und nicht auf der Ebene des Herz-Chakra. Denn es braucht die Energie des Herzens, damit Liebe zwischen Menschen wachsen kann. Und die Energie des Herzens hat viele Ausdrucksformen, wie Toleranz, Mitgefühl, Fürsorge, gegenseitige Verantwortung, Respekt, Achtung, ect. Die Liebe zwischen zwei Menschen muss wie eine Pflanze gepflegt werden, denn sie ist ein kostbares Gut und darf nicht als selbstverständlich angesehen werden. Nur die

Liebe von den Eltern zu den Kindern sollte diese Selbstverständlichkeit erfüllen, denn sie entstehen laut dem Plan der Schöpfung selber aus einer Herzensverbindung zwischen Menschen. Leider werden in unserer Gesellschaft die Kinder häufig aus der „besonderen Liebe" des Solar Plexus gezeugt und das Kind erfährt die Qualität der bedingungslosen Liebe nicht. Somit wird es erwachsen mit einer tiefen Bedürftigkeit nach Liebe. Der Solar Plexus steht in Verbindung mit dem 4. Chakra, dem Herz-Chakra, somit ist es oft nicht so leicht zu erkennen, ob es sich um eine besondere Liebe handelt oder um die bedingungslose Liebe.

Die unteren drei Chakren sind wohl auf Grund ihrer groben, langsameren Schwingungsfrequenz anfälliger für die Anhaftung nieder-schwingender Wesenheiten. Sie werden spannender Weise auch auf der materiellen Ebene von den oberen Chakren getrennt. Das Zwerchfell wirkt wie eine Schutzmembran und schützt die oberen, feiner-schwingenden Chakren. Das Ajna wirkt wie ein Hüter der Schwelle und wacht über das göttliches Licht in uns.

Doch was sind diese Mächte, die unsere spirituelle Wahrheit von uns abhalten? Im Schamanischen hat alles seine Wesenheit und wenn wir etwas – einer Person, einem Thema oder sonst etwas - Energie geben, dann wird dieses Etwas zu Mächten, die uns zu kontrollieren beginnen. Wir leben dann oft aus einem suchtmäßigen Verhaltensmuster und es bedarf großer innerer Disziplin und Bewusstsein, uns aus diesen machtvollen

Automatismen zu befreien. Wir dürfen uns diesen inneren Kampf zwischen unserem niederem Selbst und dem höheren Selbst stellen. Keine Projektion auf das Weltgeschehen, keine Schuldzuweisung, kein Selbstmitleid der Welt wird uns diese Konfrontation abnehmen und wir dürfen volle Verantwortung übernehmen für unsere Entscheidung, wem oder was wir in uns die Macht geben.

Im 1. Chakra stellt sich dieser Kampf in Energien von Angst, Schuld und Scham dar. Hier geht es darum, aus der Knechtschaft dieser sehr machtvollen Energien mittels Bitte um Vergebung herauszukommen. Viel kraftvoller als die Vergebung an unsere Peiniger ist die Vergebung an unser Selbst, dass wir dies mit uns haben machen lassen oder uns selber zugefügt haben. Wir dürfen uns in Vertrauen üben, dass die Schöpfung es gut mit uns meint und dass wir uns für das, was wir in Wahrheit sind niemals schämen müssen. Je liebevoller wir ja zu uns selbst und unserem Leben sagen, je dankbarer wir für unser Leben sind und je mehr Vertrauen wir zu Gott / der Schöpfung haben, desto weniger werden wir im Basischakra festgehalten.

Im 2. Chakra zeigt sich der Kampf in Themen von Trieb, Gier und Neid. Hier beherrscht uns die Energie des „will haben" Wir können uns dieser Herrschaft entziehen, indem wir die Energie des Nehmens in die Kraft des Gebens wandeln. Denn dann werden wir innerlich erwachsen. Als Kind gilt es zu nehmen, aber sobald wir erwachsen werden, will unsere Seele geben, sich dem Leben schenken. Bitte um die Gnade Gottes aus der Energie des Brauchens in die Kraft des Gebens zu kommen. Stell dir jeden Tag die Frage, wie du am besten dem Leben und deinen Liebsten dienen kannst. Mit dieser Ausrichtung entziehst du die Anhaftung an das Sakral-Chakra.

Im 3. Chakra tobt der Kampf um Macht und Kontrolle, teilweise auch unter dem Deckmäntelchen der Liebe. Im Kurs in Wundern gibt es eine klare und einfache Frage zu diesem Kampf: „willst du Recht haben oder lieben?". Bitte Gott um Hilfe, denn die Macht von Kontrolle würde niemals um Hilfe bitten. Das würde für sie Schwäche bedeuten und aus Sicht des Egos Machtverlust. Also bitte Gott immer wieder um Hilfe. Wir Menschen haben uns so sehr in den niedrigen Schwingungen verloren, dass wir Gottes Hilfe anrufen sollten, immer wieder aufs Neue, um diese Energie von Macht und Kontrolle transformieren zu können.

Wenn die Vorherrschaft der unteren drei Chakren ausbalanciert ist, kann sich energetisch des Zwerchfell öffnen und die Energie beginnt sich mit den höheren Chakren zu verbinden. allerdings nicht mehr in destruktiver Art, wo die feineren Energien der höheren Chakren von den unteren unterjocht werden. Solange diese noch unterjocht sind, wirkt im Herz-Chakra Manipulation durch Liebe und Liebesentzug, im Halschakra Lügen und Manipulation durch verfälschtes

Wissen bzw. Verfälschung von Fakten. Im Kronenchakra lassen wir uns durch fehlendes Gottvertrauen bzw. Getrenntsein von Gott, von falschen Göttern, wie z.B. den Göttern in Weiß und Wissenschaftlern manipulieren und lenken. Sobald die unteren Chakren ausbalanciert und bereinigt sind, können sie sich mit dem jeweiligen Paar-Chakra verbinden und so die 3 Strahlen aus der kosmischen Schöpfung herunterfließen lassen. Die 3 Strahlen, wenn alle frei verfügbar fließen können und das entspricht dem Erwachen unseres Inneren Heiler_ins / Schamanen_in.

Der 1. Strahl der Integration bringt göttliche Macht/ Kraft.
Der 2. Strahl der Integration bringt kosmisches Wissen / Weisheit
Und der 3. Strahl der Integration bringt die bedingungslose Liebe.

Erkenntniswege, um diese Strahlen wieder verfügbar zu machen und in unser Leben zu integrieren, sind die Bearbeitung unserer Ängste, Triebe und Ohnmacht.

In Zeiten der Wandlung und der Bewusstseinserweiterung sind Seelen inkarniert, die bereits alle 3 Strahlen verfügbar gehabt haben. Wir alle hier sind Meister_innen der Transformation. Erkenne deine wahre Abstammung und lass den Wandel ins Licht geschehen. Unsere Erde ist offensichtlich der Ort der stärksten Polarität, also lass uns unsere Meisterschaft vollenden.

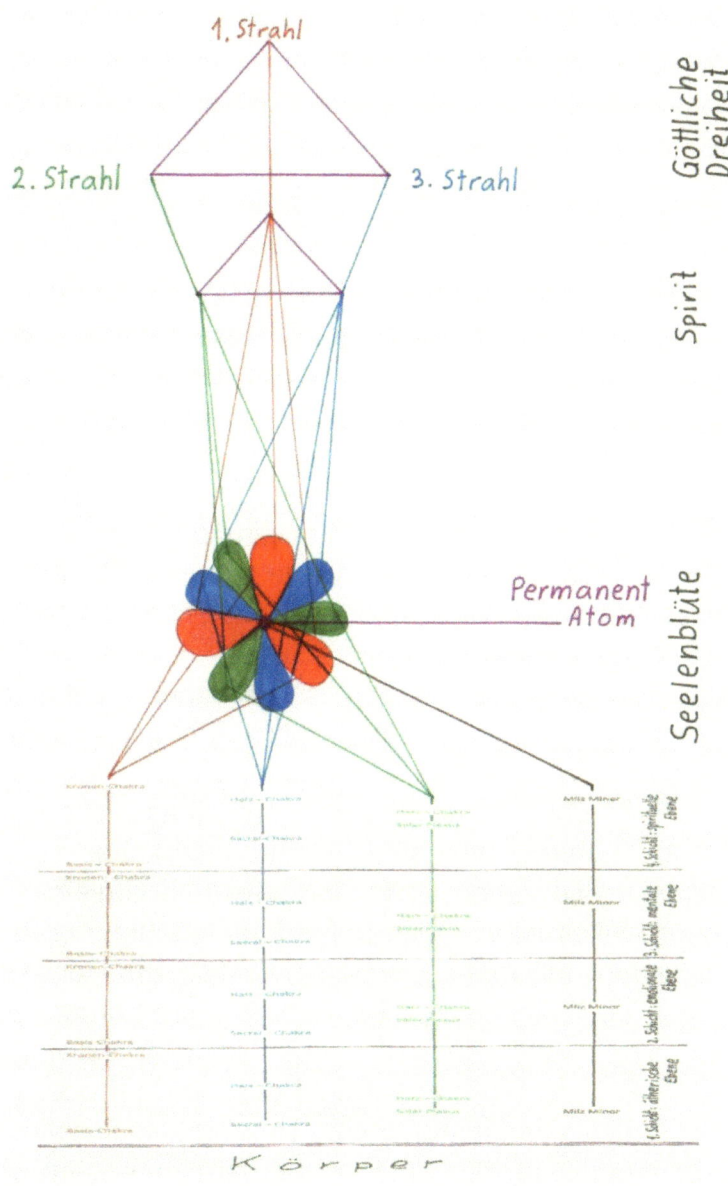

1. Strahl

2. Strahl

3. Strahl

Göttliche Dreiheit

Spirit

Permanent Atom

Seelenblüte

Körper

51

Wenn wir diese Grafik betrachten, dann lässt sich in ihr ein Ausgerichtet-Sein erkennen, durch das die kosmische Energie ungehindert durch alle unsere Aura-Schichten herabfließen kann. Sobald auch die heilende Energie von Mutter Erde in Form von Lebensenergie / manifestiertem Prana über unser Milzchakra hinauf fließt, kann der Körper seinen ursprünglichen, gesunden Seinszustand wiederfinden. So entspricht es der kosmischen Ordnung, die unser vollständiges Heilsein / Ganzsein hütet. Sobald wir uns aber auf Grund unseres Egos oder alten Energiemustern, die sowohl aus alten Leben als auch aus dem übernommenen „Erbe" stammen können, aus dieser kosmischen Ordnung hinausbewegen und / oder auch ungesunde Nahrungsmittel sowie verunreinigtes Wasser zu uns nehmen und eine ungesunde Lebensweise führen, dann schaffen wir Frequenzen, die sowohl Krankheit als auch sogenannte Schicksalsschläge in unser Leben ziehen. Für mich als Mensch ist es daher wichtig, die kosmische Ordnung zu achten, mein Energiefeld sauber zu halten, sowie meinen physischen Körper lebendige, natürliche Lebensmittel zuzuführen. Was lebendige, natürliche Lebensmittel sind, bedarf hier keine nähere Erklärung. Wie aber halte ich mein Energiefeld in Ordnung? Alles ist Energie, auf jeden Gedanken reagiert mein System mit einer Emotion und jede Emotion wirkt sich auf den biochemischen Prozess im Körper aus. Daher sind diese Ebenen immer in Wechselwirkung miteinander. Das heißt aber auch, dass jeder Prozess im Körper Einfluss nimmt auf unsere Emotionales Empfinden und unsere Gedanken. Wer mehr darüber wissen will, dem empfehle ich das Buch von Candace Pert „Moleküle der Gefühle".

Jeder Gedanke, jedes Gefühl, jeder körperliche Prozess / Erfahrung hinterlässt einen Inprint in der jeweiligen Auraschicht. Wenn diese eine niedere Frequenz haben, d.h. durch schmerzhaften, destruktiven und traumatisieren Erfahrungen entstanden sind, dann wirken sie wie „verschmutzte" Filter im Energiesystem, die die heilsame, kosmische Energie nicht mehr vollständig bis in die körperliche Zelle hindurchfließen lassen können. Das gleiche geschieht auch, wenn wir sogenannte fremde Energie oder Besetzungen in unserem Energiefeld mittragen, denn auch diese schirmen uns vom heilsamen Energiefluss der Urquelle ab. Daher ist es für mich selbstverständlich, dass ich nicht nur täglich dusche, sondern auch meine Energiefelder reinige. Dies kann ich gleich beim Duschen erledigen, indem ich das Wasser bitte, alles Alte, nicht zu mir gehörende aus meinem Feld mit hinaus zu waschen. Ich kann es aber auch mit Räucherwerk, ätherischen Ölen, Aurasprays, etc. machen. Wichtig ist meine Absicht – entspricht meinem freien Willen – und die konsequente Ausführung. Energie folgt der Aufmerksamkeit und wenn wir unseren Alltag mit mangelnder Aufmerksamkeit / Achtsamkeit leben, dann dürfen wir uns nicht wundern, wo und wie unsere Energie Verwendung findet. Also bitte werde dir bewusst, für was du deine Energie zur Verfügung stellen willst. Gegen etwas zu sein bindet unsere Kraft genau an das, was wir eigentlich ablehnen. Also stelle dir immer wieder die

Frage: „wohin will ich meine Aufmerksamkeit lenken, damit meine Energie dorthin fließt, wo ich es will"

Und jetzt noch ein paar Gedankenimpulse zum Thema „die kosmische Ordnung achten". Kehren wir nochmals zur letzten Graphik zurück, denn für mich ist sie sehr hilfreich unser Sein symbolisch darzustellen. Wir alle kommen aus der Einheit, der höchsten Monade. Der erste Individualitätsschritt findet statt, indem aus dieser Einheit unser individuellen, reinstes Selbst, unser Spirit heraustritt. Mein Spirit hat den göttlichen Plan noch vollständig in sich und will dieses Wissen durch Erfahrung erlebbar machen. Diese Entscheidung, herauszutreten aus der Einheit, besteht sein Anbeginn der Schöpfung und wird wohl mit der letzten Entscheidung unseres Spirits enden, wieder in die Einheit / ins Licht zurückzukehren und Eins zu werden mit Gott. Unser Spirit hat somit das Konzept unseres Seelenweges erstellt und so beginnt der individuelle Lebenspfad, der uns von einem Leben / Körper in das nächste Leben / Inkarnation führt. Es geht wie gesagt darum, Erfahrungen zu machen, immer wieder aufs Neue sich voll einzulassen, zu erfahren, wie es sich anfühlt und dass wieder loszulassen, um frei zu sein für eine neue, wertfreie Erfahrung. Doch was auf dieser Ebene so einfach klingt – nämlich dass der Spirit noch im vollen Bewusstsein der Einheit ist und weiß, dass er immer heil und ganz ist - verliert bald an neugieriger Offenheit. Denn je näher sich nun dieser Spirit zur materiellen Form hin bewegt, desto schwerfälliger und langsamer wird die Schwingung. Dies wird häufig bei der Konzeption, dem Beginn eines neuen Erlebnispfades, als

Schock erlebt. Wenn nun unser Spirit durch die Erfahrung des Schockes im Energiefluss „einfriert", dann übernimmt unsere Seele unser Bewusstsein. Diese ist aber bereits von der Frequenz, mit der sie schwingt „weiter weg" vom Einheitsbewusstsein als unser Sprit. Die Seele besteht aus bereits gespeicherten Erfahrungsmustern, nach denen sie dann auch ihr „passendes" Familiensystem anzieht, in der Hoffnung die mitgebrachten, gespeicherten Energiemuster zu entlarven, um sie wieder in den heilsamen Fluss zu bringen. Unsere Seele strebt somit immer nach Lösung! Leider passiert aber auch auf der Seelenebene durch mangelndes Bewusstsein genau das Gegenteil. Statt loszulassen kommt die Seele in einen Schockzustand, doch wer oder was übernimmt dann die Führung? Jetzt übernimmt die Persönlichkeit, das sogenannte Ego. Für mich ist das Ego aber nur ein Ausdruck der alten, überholten Denk- und Verhaltensmuster, den übernommenen Energiemustern, die durch die Egos der Eltern übergestülpt werden. Auch anerlernte Schutz- und Überlebensstrategien, sowie der Einfluss von Fremdenergien, tw. von Verstorbenen aus der Herkunftsfamilie (v.a. wenn deren Seelen „hängengeblieben" sind nach dem Tod und nicht ins Licht gehen konnten).

Somit hält nun unser Ego das Steuerrad unseres Lebensweges in der Hand. Doch es ist am aller weitersten entfernt vom Ursprungswissen. Was nun passiert, ist ein Leben unter dem Motto „Try and error". Das Ego lenkt und sobald es unser Leben aus der Ausgerichtetheit hinausfährt, entkoppelt es sich von der Quelle und dies führt zu sogenannten „Schicksalsschlägen" oder Krankheiten, um auf dringende Kurskorrektur hinzuweisen. Wer von euch kennt nicht das Buch von Thorwald Dethlefsen „Schicksal als Chance" und ähnliche Ratgeber. Leider wird dem Ego aber nicht klar gemacht, warum es eigentlich das Steuerrad in der Hand hält. Und dass es seine Größe aus der Überbewertung der unteren drei Chakren bezieht. Somit führt der Weg in die Heilung über die „Berichtigung", damit wir unseren Spirit aus dem Koma befreien und wieder Zugang finden zur Einheit. Denn alles Wissen, alle Liebe und alle Macht ist in uns – das Wissen im mentalen Körper, die Liebe im emotionalen Körper und die Kraft im physischen Körper. Somit sind wir Ausdruck der göttliche Dreifaltigkeit und Kinder Gottes.

„Infofelder & Spontanheilung"

So wie wir Menschen, aber auch Tiere, Pflanzen und Steine ein Energiefeld haben, so besitzen alle unbeseelten Dinge ein Infofeld. Dieses Infofeld bestimmt mehr oder weniger die Funktionsweise dieses Gegenstandes, aber auch die Kontinuität dessen, was und wie es ist. Diese Infofelder werden oft über Generationen weitergegeben, um die Welt, so wie wir sie kennen beibehalten zu können. Dies geschieht bei jedem Neugeborenen, dem die Welt „erklärt" wird. Ein kleines, vielleicht unbedeutend erscheinendes Beispiel ist, wenn einem Kleinkind erklärt wird: „dies ist eine Tasse, sie ist zum Trinken da, oft wird etwas Heißes hineingegeben, aber wenn du es fallen lässt, zerbricht es". Da dieses

Infofeld einer Tasse über Generationen weitergegeben wird, hat es sich auch schon sehr stabil aufgebaut, sodass die Tasse, wenn sie auf den Boden fällt wahrscheinlich auch zerbrechen muss, da sie gar keine andere Möglichkeit mehr hat durch das Infofeld, dass sie informiert. Das gleiche geschieht aber auch mit den sogenannten Naturgesetzen, die jedes Kind in der Schule auswendig lernen muss. Wenn dann ein Mensch, meistens mit einer sehr hohen Energie und starker mentalen Kraft dieses Infofeld aufhebt und etwas vollbringt, das eigentlich unser erlerntes Denken gar nicht für möglich hält, dann wird das als Phänomen betrachtet, statt uns zu ermutigen, einschränkende Infofelder loszulassen und die menschlichen Fähigkeiten zu erweitern. Dies wäre wohl für ein altes System, das geprägt ist von Kontrolle und Macht durch Unterjochung und Schuldgefühlen wohl das Ende. Somit bemüht sich das alte System sich selbst zu erhalten und die Kinder seinen Mustern anzupassen statt ihnen zu erlauben, sich zu entfalten, sodass die alten sodann den Kindern in ein größer gelebtes menschliches Potential folgen.

Noch spannender finde ich aber die Infofelder, die Diagnosen mit sich bringen, denn diese bekommen einen eigenen fast prophetischen Hauch, da sie von sogenannten – aber leider falsch verstandenen – Göttern in Weis erfolgen. Hier bedarf es ebenfalls einer hohen Energie, um solche Infofelder mittels Diagnosen zu entkräften und aufzuheben. Doch sie ist auch ein Aufruf unseres Spirits zu erwachen. Das, was aber jede Entwicklungschance ausbremst ist Angst, denn diese scheidet die Kraft der Liebe aus. Die hohe Schwingung der Liebesfrequenz ist aber für Heilung unumgänglich. Daher lade ich jeden ein, seine Angst anzuschauen und hindurchzugehen, damit der erste Schritt zum Heil-Sein genommen werden kann. Durch die Anerkennung der Gnade Gottes ist das Heil-Sein allgegenwärtig. Es sind unsere Verstrickungen und Anhaftungen, die uns daran hindern, dieses Heil-Sein unseres Selbst anzunehmen. Durch Schuld und Scham fühlen wir uns für Gottes Gnade nicht würdig – nicht Gott, sondern wir selbst sind es, die uns in der Be- und Verurteilung halten und somit alte Systeme nähren und präsent halten. Sobald wir erkennen, welche verzerrte Wahrnehmung in uns unsere vermeintliche Wirklichkeit gestaltet, dürfen wir dies berichtigen und uns rückverbinden mit unserem göttlichen Spirit. Dadurch wissen wir, dass alles Wissen, alle Liebe und alle Macht, die uns von Gott-Vater gegeben wurde in uns ist. Diese durch das eigene Herz / unsere Liebe zur Schöpfung und zum Menschsein auf die Erde und in die Materie zu bringen, lässt sogenannte Wunder geschehen, auch Spontanheilungen gehören dazu. Daher sind wir alle eingeladen, unsere alten, einschränkenden tw. eingetrichterten Glaubenssätze loszulassen und somit auch die Infofelder, durch die wir als göttliche Geschöpfe klein gehalten werden, auszudehnen. Alle aktuellen Infofelder bilden gemeinsam auch den sogenannten „Rahmen" / „Framing", das ganz stark durch die vorherrschend Wissenschaft diktiert wird und versucht, die Masse zu kontrollieren. (siehe auch unter Kapitel *„Bewusstseinsframes")*

„kosmische Ordnung und Gewissen als Hüter der Ordnung"

„GEWISSEN - Geh´ Wissen!"

Bitte nimm dir einige Minuten Zeit und achte darauf, was dieser Ausdruck für dich impliziert. Gerne kannst du hier einige Notizen dazu machen:

_____

_____

_____

_____

_____

_____

Es gibt mehrere Ebenen des Gewissens und in meiner Arbeit habe ich immer klarer erkennen können, dass wir in uns mehrere Ebenen haben, die uns durch schlechtes Gewissen davon abhalten wollen, aus der Zugehörigkeit einschränkender Systeme zu entlassen. Auch wenn ich von Ebenen spreche, können diese nicht separiert werden und sind daher immer aktiv. Mit geschulter Wahrnehmung kann ich aber immer leichter und schneller erkennen, welches alte System in mir mich gefangen gehalten lassen will, um mich von meinem eigenen Ich abzuhalten.

Ich möchte mit dem „karmischen Gewissen" beginnen. Die bewusste, bei vielen Menschen aber unbewusste Erinnerung an unsere vergangenen Leben will uns weis machen, dass wir „karmische Schuld" auf uns geladen haben und diese nun begleichen müssen, also etwas wieder gut machen sollen. Somit halten uns Muster und Verbindungen aus vergangenen Leben unterjocht und sobald wir diese Verstrickungen lösen wollen, meldet sich ein „schlechtes Gewissen" und wir bleiben dadurch leicht im alten Fahrwasser unseres Seelenweges. Sobald wir die anhaftenden Energien aus unserem Pastlifes herauslösen, können wir Erkenntnisse aus diesen Erfahrungen gewinnen, um in unserer Seelenentwicklung weiter zu kommen. Letztendlich sind alles nur Erfahrungen, um wieder selbst zu erkennen, wer wir in Wahrheit sind.

Ganz tief in uns verwurzelt liegt auch unser „systemisches Gewissen". Viele Menschen wissen gar nicht, mit welcher tiefer Treue sie mit ihrem eigenen Herkunftssystem verbunden sind. So wiederholen sie dessen Schicksal immer wieder aufs Neue. Leider ist das weder für die, die vor uns da waren, noch für unser eigenes Leben sehr heilsam, denn somit fließt nicht das Lebendige sondern die Schwere weiter. Auch wenn unsere Vorfahren schon lange ihren Körper verlassen haben, sie wirken im Ahnenbaum in uns weiter. Es darf Heilung geschehen, wenn wir ihr Schicksal achten, es ihnen als ihre Erfahrung zugestehen und sie bitten, das Gute / die Erkenntnisse daraus nutzen zu dürfen. Dann darf das Lebendige fließen und wir können erkennen, dass wir alle miteinander verbunden sind. So dürfen wir an der Heilung unserer Ahnen mit erweitertem Bewusstsein mitwirken.

Des Weiteren unterliegen wir einem „gesellschaftlichen Gewissen", das stark von der vorherrschenden Moral geprägt ist. Was heutzutage z.B. als Tabu gilt, war vielleicht im letzten Jahrhundert noch eine Tugend. Diese Gewissen in uns will die Zugehörigkeit zu der Gesellschaft sichern, in der wir wohnen. Sie will sicherstellen, dass wir zur Herde gehören und das gesellschaftliche Leben reibungslos funktioniert. Wie stark dieses gesellschaftliche Gewissen auf uns wirkt, hat wohl jeder bei / durch die Corona-Pandemie erkennen können.

Ein Gewissen, das mehr oder weniger individuell ausgeprägt ist, ist das „persönliche Gewissen". Diese hängt stark vom Bewusstsein des Einzelnen ab und entwickelt sich als Gegengewicht zu den vorher angeführten Gewissen und spiegelt die eigenen Werte wieder. Je bewusster ein Mensch, desto mehr kann er sich gegen das „schlechte Gewissen" der karmischen, der systemischen und gesellschaftlichen Ebene stellen. Er erkennt, dass er auch ohne Zugehörigkeit zu diesen Systemen ein wertvolles Wesen der Schöpfung und über das Herz Teil des Ganzen ist.

Das höchste und reinste Gewissen in uns ist das „kosmische Gewissen". Dieses achtet alles Leben, ob Mensch, Tier, Pflanze, Erde und hat die Absicht, diesem Leben zu dienen. Sobald wir dieses Gewissen in uns erweckt haben, können wir keine Handlungen mehr setzen, die der Achtung allen Lebens entgegenwirkt. Wir verzichten auf persönliche Vorteile, um dem Gemeinwohl aller zu dienen. Wir wissen, dass es uns nur dann „ohne schlechtem Gewissen" gut geht, wenn diese Vorteile nicht auf Kosten eines anderen Lebewesens gehen. Wir sind aus den Fängen der Bedürftigkeit und des Mangeldenkens entwachsen und wirken als Füllhorn, durch das alles Wissen, alle Liebe und alle Macht ins Leben fließt. Wir können von niederen Frequenzen nicht mehr über Schuldgefühle manipuliert und gelenkt werden, denn wir sind keine Herdentiere, die als Nutztiere gehalten werden, sondern freie Wesen mit eigener höchster Führung mit der Absicht dem Lebendigen / Gesundem zu dienen.

Hier würde ich gerne noch anführen: laut Sokrates gibt es drei Bewusstseinsebenen des Menschen – den Schlaf, das Alltags-Bewusstsein und das Alleins-Bewusstsein. Nur auf der Ebene des Alleins-Bewusstseins sind wir Menschen zu keinem destruktiven Verhalten mehr fähig. Ich denke, es ist Zeit aufzuwachen und uns mit unserem Spirit zu verbinden.

„Wir Menschen – Mikroorganismen der Mutter Erde"......oder doch noch Parasiten?

Mutter Erde – in Form von Materie – dient uns Menschen, um unser Schöpfungspotential zu üben und uns selbst durch das Geschaffene erkennen zu können. Sie gehört aber nicht uns. Es wäre also an der Zeit, in der Zerstörung unseres Planeten den destruktiven Schöpfungsgeist des Menschen zu erkennen und diesen zu wandeln. Nach dieser Erkenntnis dürfen wir ihr für die Hilfe danken und Mutter Erde „entlassen", damit sie sich selber wieder heil und neu ausrichten kann.

Das Bewusstsein des Planeten Erde ist für den Dimensionswechsel reif, doch ihr Entwicklungsweg ist abhängig vom Energieniveau der Menschen, da wir ihren Mikroorganismus darstellen. Somit haben wir nur eine Wahl: entweder heben wir unsere persönliche Frequenz, um an der Genesung des Planeten mitzuwirken oder aber der Planet wird sich unser als Parasiten entledigen, um in die nächste Dimension aufzusteigen. Denn genauso wie wir als Mensch frei von parasitären Energien sein müssen, um auf allen Ebene gesund zu leben, so ist es nun auch für die Mutter Erde an der Zeit, eine weltweite Parasitenkur zu machen, denn ihr Entschluss steht fest: für sie ist es an der Zeit sich weiter zu entwickeln.....

ANHANG 1:

„Eine systemische Arbeit mit Gott und eine neue Form des Gebetes als Zwiegespräch mit meinem Schöpfer, der spirituellen Elternschaft."

Lieber Gott, allmächtiger Schöpfer, allwissender Vater und allliebende Mutter. Durch dich habe ich alle Macht, alles Wissen und alle Liebe in mir. Es ist für mich an der Zeit in die Welt hinauszuziehen und aus all deinen Gaben etwas Gutes zu machen. Ich will ab nun etwas schaffen, um dich zu ehren und dir dadurch Freude zu machen, aus Dankbarkeit, dass mein Leben durch dich kommt.

Ich verneige mich vor dir, Gott – mein Vater und meine Mutter zugleich und bin dankbar für das, was ich von dir erhalten habe. Heute weiß ich, dass es alles ist, nichts hast du mir als dein Kind vorenthalten und alles Wissen, alle Liebe und alle Macht sind in mir.

Ich will Tag für Tag aus meinen Gaben das Beste machen und bin jetzt bereit jeden Tag aufs Neue ein noch authentischerer und lichtvollerer Ausdruck meines Selbst, das durch dich erschaffen wurde, zu sein. Ich will ab nun mutig hinausgehen und eine immer lichtvollere Version meiner Welt erschaffen, denn ich will, dass mein Werk Freude sät und das Licht mehrt.

Ich habe alles von dir bekommen, es liegt nun an mir, meine Gaben anzuwenden. Ich weiß, dass ich deinen Segen habe, denn du bist allgegenwärtig in mir und als liebender Gott mutest du mir zu, mein Leben selber zu gestalten.

Ich weiß, dass du immer freundlich auf mich schaust, auch wenn ich Fehler mache oder eine dunklere Version meiner Selbst wähle. Daher will ich ab heute meiner Herkunft würdig mich erweisen und alles Wissen, alle Liebe und alle Macht zum Wohle aller einsetzen, mich üben und lichten, bis der göttliche Plan in mir zur vollen Geltung kommt. Danke, dass ich dein Kind bin und danke für alles, was du mir gegeben hast.

Für mich ist es an der Zeit meine eigene Welt zu erschaffen und diese soll zur Freude aller Geschöpfe sein! Amen, so sei es – ICH BIN.

ANHANG 2:

„Eine Meditation zur Vorbereitung auf den Ebenen-Wechsel"

Schieße deine Augen und nimm ein paar tiefe Atemzüge. Mit jedem Ausatmen lässt du Altes bewusst los und mit jedem Einatmen öffnest du dich mehr und mehr für das Neue.

Mit deinem Atem erfolgt eine subtile Entrümpelung deiner inneren Welt, sodass du offen und ohne Angst in diese Meditation gehen kannst. Werde dir bewusst, dass du hier in einem geschützten Rahmen bist. Rufe deine persönlichen Schutzwesen und bitte, dass Engel der Liebe sich in den Ecken des Raumes positionieren, genauso wie vor jeder Tür und jedem Fenster dieses Raumes. Bitte sie, dich und alle, die mit dir in diese Meditation gehen, durch den ganzen Prozess schützend zu begleiten. Lass voller Vertrauen auf deine höhere Führung los, schließe nun die Augen, wenn sie bisher noch nicht geschlossen sind und richte deine ganze Aufmerksamkeit von der Außenwelt zurück zu dir. Erlaube deinem inneren Wissen, dich an deinen Ort des Heilseins zu führen. Nimm diesen Ort mit all deinen Sinnen wahr, beobachte die Natur ringsum, tanke den Duft tief ein und lausche den Melodien und Stimmen, die dich verwöhnen. Beobachte, wie sich dein Herz öffnet, voller Vertrauen in deine höhere Führung. Nimm wahr, wie aus dem Zentrum deines Heilkreises eine Spiralen-Leiter emporsteigt. Du erkennst deine DNA-

Spirale als Teil dieser in die Unendlichkeit emporsteigende Leiter.

Nun bemerkst du eine Art Fahrkabine, die am Fuße dieser Spiralleiter auf dich zu warten scheint. Du fühlst dich eingeladen, diese zu betreten. Neugierig, wohin sie dich führt. Behutsam setzt sie sich in Bewegung und du erkennst, wie sie dich immer wieder von einer Ebene zur nächsten und dann wieder hinunter fährt. Ebenen, die du aus deinen Lebenserfahrungen schon allzu gut kennst. Auf einigen Ebenen bleibt dein Fahrstuhl gar nicht mehr stehen und ganz langsam dämmert es dir, dass dies die Ebenen von Erfahrungen sind, die du losgelassen hast, gegenüber denen du keinerlei emotionale Anhaftung mehr hast. Ebenen, wo die Erfahrung einfach sein kann, was sie war.....intensive Energie.....wertfrei, ohne Schuldzuweisung oder Selbstvorwürfe. Erfahrungen, die deine Herzensqualität gestärkt haben, dir immer wieder den Mut zu Lieben abverlangt haben und so dein inneres Feuer genährt und gestärkt haben.

Dankbarkeit erfasst dein Herz und langsam dämmert dir, dass es weder Opfer noch Täter gibt, dass wir uns selber den Erfahrungspartner wählen und mehr und mehr wird in dir der Entschluss gefestigt, dass du dich neuen Erfahrungen öffnen willst. Du findest in dir die Bereitschaft durch Liebe zu wachsen und nicht durch Leid und Angst. Du bittest deine geistigen Führer, alle Spirits und Engeln, dich nun bei diesem Entschluss zu unterstützen und dir dabei zu helfen.

Ohne, dass du es bemerken konntest, hat sich dein Fahrstuhl geweitet, als ob er nun Ausdruck deines Bewusstseinsrahmens gewesen wäre. Mit der Erweiterung des Fahrstuhles bemerkst du, dass sich auch dein Herz erweitert hat und nun für dich eine Entscheidung ansteht. Du spürst, dass von dir jetzt viel Mut abverlangt wird und gleichzeitig weißt du in dir, dass du schon lange auf diesen Moment gewartet hast. Und so kommt zuerst ein zaghaftes „Ja, ich will meine Angst vor Verletzungen loslassen, aufhören mein Herz aus Schutz zu verschließen" und ein lauteres „JA, ich will lieben und mein Leben in voller Kraft leben" „JAAA, ich will meine ganze Herzensenergie bündeln, um in für mich bisher unvorstellbaren Ebenen meines Bewusstseins und der Liebe durchzudringen" Und voller innerer Ruhe, aber mit aller Bestimmtheit wird dieser Entschluss hörbar und ein klares, kraftvolles „Ja, ich bin bereit für meine Wahrheit" erfüllt den Raum in Dir und um Dich.

Nun beginnt dein Fahrstuhl weit und hell aufwärts zu fahren. Du wirst von deiner inneren Weisheit angehalten, alles was du nun erfährst und wahrnehmen kannst, ohne Bewertung, ohne Urteilen und ohne Anhaftung, einfach nur sein zu lassen. Lass dich berühren, jenseits der Dualität von Gut und Böse, Licht und Schatten. Nimm nur die Intension der reinen Energie wahr. Gib dich dem Augenblick mit allem was du bist hin und lass dich durchdringen mit reiner Energie..........

Ganz allmählich bemerkst du, dass der Fahrstuhl auf einer Ebene, die dir bisher unerreichbar war angehalten hat. Lichtwesen führen dich aus der Kabine, sie streifen dein altes Gewand ab, reinigen deine Aura, schließen Löcher in deinem Energiefeld. Dann ziehst du dir ein helles, strahlendes Gewand an und die Lichtwesen laden dich auf eine ganz liebevollen Weise ein, deinen Willen für die verbleibende Zeit in deinem jetzigen Körper kund zu tun und zu entscheiden, welche Erfahrungen du noch machen willst und welche ausgedient haben.

Ein tiefes Wissen erfüllt dich, dass es um Lebendigkeit geht, um das Entwickeln innerer Kraft, damit du die Kraft zu Lieben hast.

Du wirst den Fahrstuhl wieder besteigen, zurückkehren auf die Ebene deines irdischen Lebens, doch in der Erinnerung bleibt das Wissen um deine Macht über dein Leben.

Langsam kehrst Du mit Deiner Aufmerksamkeit zurück in das Hier und Jetzt. Du kommst vollständig zurück und kannst Deinen Körper auf der Unterlage spüren. Du atmest tief ein, kehrst ganz zurück in den Augenblick. Dankbar entlässt Du die Schutzwesen aus Deinem Kreis. Nimm dir genug Zeit, um die Botschaften der meditativen Reise in dein Alltagsbewusstsein zu integrieren. Vielleicht magst Du Dir Notizen machen oder ein Ankerbild malen.

OM shrim hrim sarasvatyahe namaha

Sarasvati ist die Schutzherrin der Künste und Wissenschaften, verkörpert die Macht des schöpferischen Wortes und der Rede. Sie ist die Hüterin des heiligen Wissens (Veda).

Abschließend noch ein paar Impulse für den eigenen Prozess

„Heilung":

Heil sein ist eine Frage der Bereitschaft. „Ich bitte um die mir meist mögliche Heilung im Hier und Jetzt". Sei dir gewiss, dass das Heilsein allgegenwärtig ist. Wir dürfen uns darin üben, die Materie des Körpers immer wieder frei zu geben, damit sie sich am ursprünglichen Heilsein orientierend wieder selber gesund ausrichten kann. Bete zu Erzengel Michael und bitte ihn, alle einschränkenden Denk- und Glaubensmuster von deinem Körper abzutrennen und dich von einer bestehenden Diagnose, sowie dem üblichen schulmedizinischem Wissen loszulösen. Wir haben vergessen, welches Schöpfungspotential in uns liegt und erschaffen dennoch immer wieder das Alte neu und erhalten so unsere Symptome. Bitte Erzengel Michael, dich von den Fäden des Alten loszuschneiden.

Nutze eine Visualisationsübung dafür:

Ziehe zwei Kreise, die sich berühren, sodass sie wie eine liegende 8 aussehen. In den linken Kreis stellst du dich hinein und in den rechten Kreis dein Symptom, welches du nicht mehr weiter mit dir durchs Leben nehmen willst.

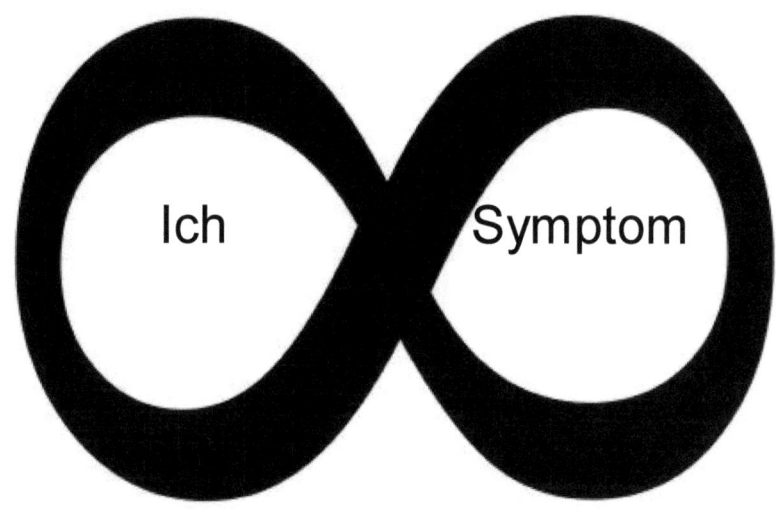

Ich   Symptom

Dann visualisierst du ein großes, goldenes Sieb, das von
Oben dein Energiefeld durchsiebt und alles, was nicht zu
diesem Symptom beigetragen hat, aus deinem
Energiefeld heraus siebt, dann gibst du dieses in den
Kreis rechts von dir. Danach wendest du dich dem Kreis
mit dem Symptom zu, ohne deinen Kreis zu verlassen und
lässt das große, goldene Sieb alles was gut und heilsam
für dich ist aus dem Feld des Symptoms heraus sieben
und holst es in deinen Kreis. Anschließend beobachtest
du, wie sich zu saphirblauen Lichtsäulen gerinnen um die
Kreise aufzubauen. Immer wieder wiederholst du das
Heraussieben zuerst bei dir selbst und anschließend beim
Symptom und beobachtest wie nach jedem Mal die beiden

Lichtsäulen aus saphierblauem Licht höher und höher werden.

Sobald diese in die Unendlichkeit des Universums reichen, bittest du Erzengel Michael die beiden Lichtsäulen mit seinem Schwert zu durchtrennen und die Energie des Symptoms zurückzuführen in die Urquelle. Bedanke dich für die gemachten Erfahrungen und für die Hilfe des Erzengels.

Bei Operationen betreten wir mehr oder weniger ebenfalls den Schwellenraum, doch leider meistens mit mangelhaftem Bewusstsein. Fokussiere vor der Narkose das Lebendige, Freudvolle und Liebende, unabhängig von deinem körperlichen Befinden, denn dies ist dein natürlicher Seinszustand. Verlagere deinen Fokus vom Körper (Leid, Krankheit, Schmerz) auf deinen Spirit und bitte Gott um die bestmögliche Heilung des Körpers durch die Operation. Bekunde deine tiefe Bereitschaft für eine Neustrukturierung deines Körpers, die auch bei Spontanheilungen geschehen. Was immer dann bei der Operation mit dem Körper geschieht, vergiss nie dass das Lebendige nicht von der Materie bestimmt wird, sondern vom Spirit über die Seele den Körper belebt.

Auch wenn der Körper gelähmt ist, kann die Seele tanzen!

„Meine neue Erkenntnis zu meinem Myom"

Myome im Wechsel kommen, weil die alte Weise Energien des Umfeldes absorbieren kann, um diese in Ekstase dem Leben dienend neu zu gebären. Dies entspricht einem lustvollen Schöpfen für das Wohle der Gemeinschaft und ist die Aufgabe der Alten. Das Männliche hält den heiligen Raum für diese Transformation, wenn er frei von persönlicher Begierde ist. Es sind die Alten, die destruktive Energien aus dem Umfeld resorbieren und auf Grund der gelösten Anhaftung des Egos dem Leben geläutert zurückführen können. Und das Schöne ist, dass wir Alten eine Aufgabe haben, die lustvoll ist, daher vielleicht auch das verschmitzte Lächeln auf den Lippen der Alten, wenn sie eingebunden bleiben dürfen in der Gemeinschaft. Es ist das Privileg der alten Weisen, nur mehr das zu tun, was Freude macht, denn in der Jugend führt der Wunsch nach „nur Gaude" oft zur Trägheit und Energieverlust.

„Der Prozess im Schwellenraum"

Dieser Prozess ist eine individuelle Erfahrung und die intime Begegnung vom Ego mit dem Spirit. Diese achte ich und greife niemals ohne ausdrücklichen Wunsch ein. Aus Beobachtung weiß ich, wie leicht jemand durch einen heftigen Prozess eines anderen getriggert wird und helfen will, um den eigenen Schmerz dahinter nicht zu fühlen. Doch nur das Ego braucht Hilfe, weil es nicht erwachsen werden will. Die Seele braucht Zuspruch und Teamgeist. Daher ist es oft eher angemessen, wenn wir für den anderen beten, um seinen Segen durch Gott bitten und ihm vertrauen, dass er sein Schicksal meistern kann. Alles Wissen, alle Liebe und alle Macht ist auch im anderen und durch unseren Fokus auf dieses Wissen, können wir ihn bestärken den Kampf mit seinem Ego zu befrieden. Wir können nicht den Prozess für den anderen machen, aber wir können mit liebevoller Präsenz mit ihm bleiben, uns innerlich vor seinem Lebensplan verneigen und seiner Seele vertrauen, dass sie stark genug ist, die selbstgewählten Aufgaben zu meistern.

„Es gibt immer einen Weg zur Quelle"

Bei Schuld und Scham bitte um die Kraft der Vergebung. Bei Gier und Triebhaftigkeit bitte um Gottes Gnade und gehe in den Segen des Schenkens. Bei Angst, Macht und Kontrollthemen bitte um Gottes Hilfe. Bei Widerstand gegen deinen Prozess gehe in die Dankbarkeit für dein Leben und deine gemachten Erfahrungen.

Danke, dass ich dich auf meine Reise auf dem Pfad der Rose mitnehmen durfte!

Ich will mich mit einem Zitat von Aldous Huxley verabschieden: *„Erfahrung ist nicht das, was mit einem Menschen geschieht, sondern das, was er daraus macht"*